# トップ企業の
# 人材育成力

## ヒトは「育てる」のか「育つ」のか

編著：
**北野唯我**
Yuiga Kitano

筆者：平岩力＋西村晃＋西村英丈＋西村隆宏
＋寺口浩大＋堀達也＋白石紘一

さくら舎

# はじめに

「人は"育てる"ものか、"育つ"ものか」

と聞かれたら、あなたはなんと答えるでしょうか。
人は「育てるべき」と考える人は、こう言うかもしれません。

「組織において、最も重要なのは"制度や教育の仕組み"である」と。

つまり、人は意図的に育てる、ということです。
一方で人は自発的に「育つ」と考える人は、こう言うでしょう。

「OFTは意味がない。ほとんどの会社において、研修は意味をなしていない。実践こそすべてである」と。

さて「人は育てるものか、育つものか」、あなたはどちらの派閥でしょうか。

先に結論を言うとこの本のスタンスは「人は"自然と育つ"ものだが、"狙って育てる"とそのスピードは加速する」です。言い換えれば、経営や人事責任者が事業をドライブさせる上で重要なのは「"狙って"、人が育つ仕組みや文化をつくること」だということです。

「なにをいまさら。そんなこと、当たり前だろ」

と思ったかもしれません。ですが、本当にそうでしょうか？

私はこれまで数多くの経営者や、人事責任者と対峙してきましたが、その

たびに「HR施策（Human Resource)がいかに掛け声だけで終わりやすいか」「理想とすべき組織の姿と現状がほど遠いこと」を痛感してきました。

たとえば、

- 今の自社の事業フェーズを考えると、新卒は今、何人採るべきで、その採用単価はいくらか
- 下位何％までの人材を、いつのタイミングまでに、どう条件交渉し、場合によっては、どう退職を促すか
- 「事業を作る人材」はどうやって育てるべきか

これらの質問に自信をもって答えられる人事責任者がどれだけいるでしょうか。この国における、ほとんどの人事はファンクション型人事です。言い換えれば「採用だけ」「労務だけ」「研修だけ」「評価だけ」です。その結果、「組織論」の全てを横断的に語れる、「経営陣の右腕として、経営に寄り添えるレベルの人事」は本当に数えられるほどではないでしょうか。

結果、日本では、Googleなど、本当は"ある特殊な環境でしか役に立たないはず"の組織論が注目を浴びることも多い。しかし、経営者ならご存知の通り、組織と事業は車輪のように常に「対となる存在」なので、全ての会社で「Google式」を適応させようとする行為は、愚の骨頂です。

では、なぜ、こんなことが起きるのでしょうか。

それは「組織が思考停止でも、よかったから」だと私は考えます。

もう少し言い換えると、この問題の根本にあるのは「人事機能と経営の距離が遠すぎたこと」だと思います。日本ではこれまで、人事部門が経営に食

い込んでこれなかった、ということです。でも、これは人事のせいだけはありません。背景にあるのは、

- 日本は、重工業を代表とする「資本集約型産業」で成長してきたこと
- 「解雇」という、経営上最も難しい意思決定（＝人事施策）をしてこなかったこと（しづらかったこと）
- 総合職採用とジョブローテによって、組織施策のフィードバックが人事にこなかったこと

の３つが大きいと私は考えます。（こちら詳しくは、本書で述べます）

ですが、今、時代は変わりつつあります。

いつの時代も「企業は人なり」ですが、とくに時代を超えて成長し続けている会社で「人材への投資」を怠っている会社は存在しないといっても過言ではありません。

私は普段、HRテクノロジーの会社で役員をしていますが、弊社では時価総額トップ100社の50％以上のクライアントさまに採用の支援をさせていただいてきました。その経験から言えますが、「採用と人事が優れている会社は、事業も強い」は100％確信を持っていえます。

なぜなら、仮に事業がピボット（転換）しても、事業を推進する胆力があるからです。ですが、それを推進するための、組織の力はまだまだ弱い。データで見ても、日本の伝統的な会社でCHRO（Chif Human Resource Officer: 最高人事責任者）を設置している会社は10％～15％と言われ、国際的（35％～40％）にみても低いと言われます。

この状況を変えたい。そう思って、１つのチームを立ち上げました。

この本では、

「いったいどうすれば、もっと、経営の中枢に組織や人事が近づくか」
　これを考えていきます。具体的には、

- 人事施策を本当に実現させるためには、施策の内容うんぬんより前に「社内広報（信頼）」の視点が必要不可欠である
- 採用でうまくいっている会社は「XXXX」と「XXXX」をうまく活用している
- 組織開発で必要なのは、これまでの「フォーキャスト型人事（積み上げ施策）」ではなく、「バックキャスト型人事（あるべき姿から逆算できること）」である

　などです。最後に、この書籍の最大の特徴は、スペシャリティを持った各分野の現役プレーヤーが集結しているということです。学者ではなく、実務家。しかもその中でもビジネスの最前線で実践し続けているメンバーたちが集まり、過去ではなく「現在進行形で役に立つような話」を繰り広げます。今回、各章を担当した人は以下の２つの基準で選んでいます。
　１．組織だけでなく事業づくりも経験してきたこと
　２．自分なりの理論やデータをもっていること

　各章は目的ごとに分かれており、自分の必要な部分を探し、そこを優先的に読むことを推奨します。

さあ、
「いかにして、事業と組織を両輪にした、強い人事を作るか」
　に答える旅に出掛けましょう。

執筆代表・編纂<br>北野唯我

## 目次◆トップ企業の人材育成力
### ——ヒトは「育てる」のか「育つ」のか

はじめに 1

## 第1章　総論——経営と人事はベストパートナー
作家／経営者　北野唯我

- **1-1** 経営からの問いに答えるために 12
- **1-2** エンゲージメントとは、約束。 18
- **1-3** 経営レベルに必要な、人事の「企画力」とはなにか 22
- **1-4** 経営の右腕になりえる、CHROの必要性 25
- **1-5** HRテクノロジーは、経営を変えるのか？ 31

## 第2章　実務家による育成論
ヒトは「育てる」のか「育つ」のか？　株式会社セプテーニ　平岩 力

- **2-1** 「育てる」観点からみたヒトと、「育つ」観点からみたヒト 38
- **2-2** 「育てる」と「育つ」を整理して考える 43
- **2-3** 人材育成担当の働き方OSをアップデートする 47
- **2-4** 未来の人材育成について考える 60
- **2-5** 人材育成に関する経営からの問いにロジックで答える 66

コラム①　**人事の歴史**　経済産業省　堀 達也　76

## 第3章 トップ企業の「採用」
株式会社カケハシ　西村 晃

- **3－1** 最高の仕事「採用」 そして、その成功とは　92
- **3－2** 採用に関する経営からの問いに答える　100
- **3－3** 採用活動における採用担当の役割　106
- **3－4** 一流の採用担当になるための成長ステップ　112

**コラム②　生産性**　経済産業省　堀 達也　128

## 第4章 組織開発論から経営を支える
One HR 共同代表　西村英丈

- **4－1**「組織は戦略に従う」のか、それとも「戦略は組織に従う」のか？　142
- **4－2** 組織開発の3Pマネジメント　145
- **4－3** 人事部の人事組織開発　155
- **4－4** 組織開発のトレンド　162
- **4－5** 提言：これからの組織開発　165

**コラム③　兼業・副業**〜会社・個人・社会を変える起爆剤になるか
弁護士　白石紘一　178

## 第5章　HRテクノロジー入門以前

株式会社リクルート　西村隆宏

**5-1** HRテクノロジーとCOBITの成熟度モデル　194
**5-2** HRテクノロジーを適切に使いこなすための
COBITの成熟度モデル　198
**5-3** HRテクノロジーを導入した事例と成熟度モデルの変化　201

コラム④　キャリア・オーナーシップ　弁護士　白石紘一　227

## 第6章　HRツール、ベンダー、コミュニティの今後の展望

株式会社ワンキャリア　寺口浩大

**6-1** 明日から使える
「ツール／ベンダー／人事コミュニティ」利用マップ　236
**6-2** HRバブルが生み出した大量のHRツール　240
**6-3** ベンダーとの付き合い方　247

コラム⑤　企業におけるフリーランス活用　256
コラム⑥　HRテクノロジー導入時における
留意すべき法規制　弁護士　白石紘一　263

おわりに　271

# トップ企業の
# 人材育成力
―― ヒトは「育てる」のか「育つ」のか

## この本の使い方

1．読み飛ばしOK
   （この本は専門書として各章が独立しています。よって全ての章を読み切る必要は全くありません）

2．各章（第2章以降）には、「まとめ」と「目次」があります
   （各章の冒頭には、まとめと目次があります。「自分が知りたい部分」を素早く検索できるようになっています）

3．「さらに詳しく」は寄稿コラムで
   （各章の章末には「コラム」があります。独立した読み物としても楽しめます）

第 1 章

# 総論
―― 経営と人事はベストパートナー

作家／経営者
**北野唯我**

## 1-1 経営からの問いに答えるために

「組織や人事が重要なのは分かっているが、何からすればいいか分からない」

と思ったとき、我々経営陣はまず何をするべきか。最初に思いつくのは「組織を変える」や、「福利厚生を整える」など、制度や企画の話ではないだろうか。だが、断言するが、ほとんどの会社にとって人事施策のボトルネックになりえるのは「企画」ではなく、「運用」だと感じる。

より具体的にいうと、

- 人事施策を本当に実現させるためには、施策の内容うんぬんより前に「社内広報（信頼）」の視点が必要不可欠である

ということだ。「社内広報」というとピンとこないが、これを言い換えると、他社の施策を自社でも「企画すること」は、誰でもできるが、最も重要なのはそれを「運用」できるか。「実行できるかどうか」「実行するかどうか」の視点であるということだ。

そもそも、全てのビジネス上の施策は「企画」と「運用」に分けて考えたほうが分かりやすい。

たとえば、マーケティング部門であれば、大型キャンペーンの内容自体は「企画」であり、それを広告代理店や製作会社、社内の制作部隊を使って動かすのが「運用」である。あるいは、ファイナンス部門であれば「どの会社をM&Aするのか」「いくらで買収したいのか」が「企画」であり、それを

実際にディールとしてまとめるのが「運用」である。

　つまり、まとめるとこうなる。

　　　企画→何をするのか。人事施策でいうと、制度や評価システムの設計の話。
　　　運用→どう実現するのか。人事施策でいうと、面接や、評価面談など実行の話。

　企画と運用。この２つは当然、両方大事だ。だが、人事部門の場合、ボトルネックは大体が「運用」にある。言い換えれば、他社事例をコピーすることよりも、実際にそれを実行し、インパクトを出すことのほうが難しい、ということだ。なぜなら、人事の「運用」は、マーケティング施策や、ファイナンス施策などに比べても、金で最も代替しにくいからだ。

　たとえば、経営陣にとって、もっとも「人事の力を借りたいとき」の１つは、事業の転換期だ。具体的には、既存の事業の成長に陰りが見え、新しい事業を作るとき。あるいは、業績が悪化し、間接部門（コストセンター）の人間を、セールス部門などのプロフィットセンターに異動させないといけない例などを想像すると分かりやすい。このとき、経営としては、様々な選択肢が考えられる。

　たとえば、採用。新しい事業を作れるＳ級人材を採用しないといけないかもしれない。あるいは、部署移動。場合によっては、社内の人材を数百名、数千名単位で大量に部署異動させないといけない。あるいは、解雇。下位の数％を解雇する必要があるかもしれない。

　このとき、経営からみて人事に求められるのは、明らかに「企画」より「運用の力」である。

なぜなら、これらのケースの場合、「優秀な人材が必要」「人を何人動かさないと、赤字が出る」という企画自体は、それほど大した難しさではないからである。たとえば、黒字・赤字の計算であれば、経理財務部などを中心に、一定レベルの数字に強い人間であれば、誰でも計算できる。むしろ、このケースの場合、最も難易度が高いのは「新規事業に必要な人材を"本当に採ってこられるか"どうか」であり、また「従業員をいかにして、モチベーションを下げず、納得感を持って、新しい事業に動いてもらうことができるか」である。つまり「運用」である。

　そして、HR部門が、他の部門よりも「運用の力」が問われるのは、この機能がお金では極めて代替しづらいものだからだ。

　というのも、通常、「運用」はアウトソースすることがたやすい。金さえあれば外注できる。たとえば、マーケティング部門であれば、広告代理店や制作会社に制作を発注することはできるし、ファイナンス部門であれば、投資銀行などに発注することができる。これらは「金」さえあればできる。しかし、人事の機能、特に「大量の異動を伴う意思決定」の部分は、どうしても社外にアウトソースがしづらい。

　これは、イメージしていただければ分かりやすいだろう。

　たとえば、会社が命運をかけた新しい事業に突入しようとするとき。それに伴って、社内で大量の異動が発生するとき、従業員からすると、「社長から、新規事業へ取り組む意義を語られたうえで、異動を通達されるケース」と、「人事コンサルがいきなり現れ、新規事業への異動を説明されるケース」では、明らかに納得感が異なる。

　現に、ある日本を代表するIT企業のCHROはこう言った。「事業をドラ

スティックに変えるときに必要なのは、"経営クラスの言葉"だ。我々が直接言葉で伝え続けない限り、現場からの納得感は得られない」と。もちろん、アウトソースできるレベルのHR機能もたくさんある。面接業務の日程調整や、労務管理などだ。

だが、「事業の転換期」における、最高レベルの人事施策の「運用」は、アウトソースできない。

ソフトバンクはなぜ、社長が採用や人事を重視するのか。リクルートはなぜ、自社の新卒採用に力を入れてきたか。伸びているスタートアップの社長はなぜ、社員を一本釣りで口説くのか。その理由は「経営レベルの人事施策は内製でやるべき施策だから」である。

では、もし、人事における「運用」がキーだとしたら、我々実務家は何を重視すべきだろうか。どうやって「運用」の力を高めるべきだろうか。

結論は意外にも「人事広報（信頼）」「社内広報」の視点だと私は思う。具体的には「いかにして、経営陣と現場の間に深い信頼関係を築けているかどうか」「経営陣と現場が、どれだけ約束で結ばれているかどうか」だと考える。

ある高明な人事パーソンはこう語っていた。

「普段から、人事と現場がつながっている感覚を作っておくことが一番大事。そうすれば、人事が大ナタをふるったときでも、現場も力を貸してくれる」

この会社は国内だけでも、数千人〜1万人の事業規模だが、それでも、CXOポジションの人間が現場の話を聞く機会を今でも持っているようだ。その際に重要なのは「小さな声を拾い上げること」だというのだ。たとえば

「XX部署の電気のコンセントが壊れています」というレベルのミクロな話まで吸い上げ、その日のうちに、CXOから、人事責任者にそれが共有され、「すぐに実践してくれ」という指示が飛ぶ。そして、次の日にはそれが改善されている。

こうやって「信頼関係」を築いていくというのだ。

この様子を見た従業員はどう思うだろうか。感動した従業員はおそらく、他の社員にも話す。口コミが発生する。こうやって、小さい積み重ねによって「経営は常に現場を見てくれている」という信頼関係が結ばれる。もちろん、この施策単体では、経営に与えるインパクト自体はほとんどゼロだ。だが、こうやって現場と経営をつないでおくことで、事業戦略上の重要な意思決定に、現場を巻き込むことができる。

つまり、これが、

・人事施策を本当に実現させるためには、施策の内容より前に「社内広報（信頼）」の視点が必要不可欠である

と私が述べる理由である。実際、この話は「エンゲージメント」の話に近い。エンゲージメントとは、人とブランドの間に生まれている、期待感や繋がりをさす。たとえば、エンゲージメントが高いとは、従業員が企業に対してロイヤリティを感じ、ポジティブに捉えている状態をさす。

たとえば、アップルやザッポスが「消費者からの問い合わせを、期待値以上で返す」ことによって「Wow」を生み出してきて、ファンを作ってきたことや、スターバックスの店舗における洗練されたオペレーション業務によって、ブランドを育ててきた事実に近い。こういう積み重ねによって、企業と消費者とエンゲージメントを高めたように、経営と現場は小さい積み重

ねによって、高いエンゲージメントを築くことができる。

　これは冷静に考えてみると当然の話だ。
　我々、経営が常に向き合っているのは、消費者だけではない。社内の従業員とも向き合っている。そして、マーケティング施策を実施するためには、顧客と自社の間に「信頼関係」があったほうが強いように、経営レベルの人事施策を行うためには「社内との信頼関係」も極めて重要である。見落としがちであるが、これは重要な視点である。

　言い換えれば、経営の意思決定に耐えうる人事にとって、まず大事なポイントは2つである。

　　1．金で代替できない、最高レベルの施策の「運用力」をもつこと
　　2．そのためには「経営と現場とのエンゲージメント」を構築しておくこと

## 1-2 エンゲージメントとは、約束。

　ではいったい、このエンゲージメントとは、根本的には何によって構成されるのだろうか。どうやって高めていけばいいのだろうか。

　一言でいうとキーワードは「約束」だ。より具体的にいうと、経営は人事を通じて、従業員に何を約束するのか、を示し、それを守ることだ。これはマーケティングの例えを使うと分かりやすい。

　そもそも、マーケティングの世界において、ブランドとは「消費者と企業との約束である」という定義が使われることが多い。これは分かりやすくいうと、「スターバックスにいくと、きっとXXというサービスが受けられるだろう」という頭の中のイメージである。そして、このイメージは「過去の約束の結果」でできている。スターバックスで良いサービスを受けてきた人は、スターバックスに対して「きっとXXである」というイメージを持つ。これが「約束」の意味である。

　同様に、経営と現場をつなぐ、人事のエンゲージメントの正体とは「約束」だと考えると分かりやすい。具体的には、経営は「人事に対して何を約束できるか。そして、何を約束できないか」のイメージを湧かせることだ。この関係が明確であれば、「エンゲージメント」は高くなる傾向にあるし、明確でなければエンゲージメントは低くなる。大事なのは、①従業員が求めるものは何で、②経営が約束するものは何で、③その約束はこれまで果たされてきたかどうか、である。

実際の例をみてみよう。

たとえば、上述の数千人〜1万人の会社の例であれば、現場と経営陣は強い「約束」で結ばれている。エンゲージメントを持つことに成功している。このケースの場合、約束は「現場が働きやすい環境を、経営陣は最優先してくれる」ということである。このとき、約束しているものは「働きやすい環境」である。そして、経営はその約束を果たしてきている。したがって、エンゲージメントは高いのだ。

別のケースをみてみよう。

たとえば、私がかつて働いていた外資系戦略コンサルティングファームでは、経営陣が従業員に対して約束するのは「知的好奇心をそそるような、エキサイティングな仕事内容」と「成果に対する報酬」だった。その分、約束できないものは「雇用」「労働時間」だった。

UP or OUT という言葉に代表されるように、多くのコンサルティングファームでは、「雇用」は確実なものではない。そして、この約束に違和感を感じる人は会社を去るし、好きな人は残る。大事なのは約束を明確にし、嘘をつかないこと、である。つまり、勘違いしてはいけないことは、最初から「約束できないこと」を明示することは必ずしもマイナスではないわけだ。

実際、私はこれまで100社近い有名企業の採用マーケティングを手伝わせてもらってきたが、重要なのは①王者の戦い方と、②王者以外の戦い方は、全く異なることだ。王者とは、業界1〜2位で、誰もが知るような会社をさす。王者はたしかに「約束できること」が多い。したがって順当に「約束できること」を押し出していけばいい。だが、王者以外は違う。

重要なのはきちんと「約束できないこと」が明示されていることである。

まんべんなく「なんでも約束できます」という会社ではなく、「うちはXXXに関しては約束できないが、XXXに関しては強く約束できる」という会社の方が、採用はうまくいくことが多い。なぜなら、採用でうまく騙せたとしても、その後、約束が守れず、早期離職につながるからである。

　これが「約束できるものと、約束できないもの」が明確であることの重要性である。

　あるいは、他の例もある。世界的に有名な消費財メーカーのマーケティング出身で、ハーヴァードMBAを経由して起業した経営者はこう語っていた。「うちの会社では、雇用は約束できない。ただし、成長は約束できる」と。この際、経営が約束するものは「成長環境」である。

## エンゲージメントを左右する4つの「P」

| | |
|---|---|
| **Philosophy** | 理念・経営計画 |
| **Profession** | 業務内容・商品サービス |
| **People** | 魅力的な人材・同志 |
| **Privilege** | 設備・給与や福利厚生 |

リンクアンドモチベーション社4Pより筆者が作成

このように「何を約束し、何を約束できないのか」にはいくつかのパターンが存在しているし、事業内容と経営者の思想によるところが大きい。ただ、思考の刺激材料として、網羅的ではないが、一例としてリンクアンドモチベーション社の4P（左図）を紹介しておきたい。

ここまでをまとめると、つまりエンゲージメントが高い状態というのは、

　1．経営が従業員に対して「約束」を明示していること
　2．加えて、それを守ってきた事実があること

この2つがあることが必要不可欠である。経営に耐えうるレベルの人事が企画を設計するうえで、まず前提となるのはこの「高いエンゲージメントの状態」を保つことである。

重ねてとなるが、運用の力がない状態で、いかに、組織論や新施策を導入してもそれは失敗する可能性が高い。企画より「運用の力がまず大事」だと述べる理由はここにある。

## 1-3 経営レベルに必要な、人事の「企画力」とはなにか

　では、「高いエンゲージメントの状態」を保てた状態で次に人事が考えるべきことはなんだろうか。

　言い換えれば「企画」の話である。たとえば、他社で成功した人事施策を自社に適応させる、新しい給与制度を導入する、こういう話だ。「運用」は極めて重要であるが、「運用だけ」している人事は、決して経営の中枢にはなれないのも事実だ。重要なのは「経営の意思決定に必要なレベルの、人事施策」である。

　では、いったい、人事に必要とされる「企画力」の正体とはなんだろうか。

　結論からいうと、2つだと考える。1つは「一気通貫で人事施策を設計できる力」と「中期経営計画から逆算でやるべきことを設計できる力」だ。これまで数百社近い企業の人事と仕事をしてきた中で、明らかに人事にはレベルがある。これをまとめると以下のように整理できる。

- 人事1.0：ファンクション型（機能）の人事。採用や育成、配置、評価、労務など、単発の機能をバラバラに担う人事

- 人事2.0：一気通貫型の人事。採用から、配置、評価、育成など、人事施策の全てを横串、一気通貫でプロジェクトとして練ることができる人事。戦略人事に近い

- 人事3.0：バックキャスト型人事。中期経営計画上の3〜5年先のあるべき姿から逆算し、現場の積み上げベースでは出てこない施策の計画をできる人事

そして「経営の意思決定に耐えうるレベルの人事」は、事業規模によって異なるが、数百人〜数千人単位ではレベル2.0から、数千人〜数万人以上の会社ではレベル3.0が必要なレベルだと感じる。順に見ていきたい。

まず、人事1.0のレベルでいうと「採用ができる人」や、「育成ができる人」をイメージしてもらえると分かりやすい。人事の現場において、これらの得意技を持っている人事は力強いし、エースとして活躍する。しかし、ある程度の事業規模の経営者からすると、それは「営業のエース」と同じ存在であり、あくまで現場の一要素だ。事業規模が数十人のレベルでは、経営の中枢に近い。

2つ目が、人事2.0のレベルだ。ここまでくると、事業上重要なKPIにヒットする可能性がある。たとえば、「全社の離職率」や「生産性」が分かりやすい。離職率が高くなる原因の1つは、採用から配置、評価までが一気通貫でできていないことから来ることが多い。たとえば、採用では「尖った人材」を欲しがっているが、現場では彼らを扱いきれない。あるいは、「年功序列で給与が決まる会社」なのに、「実力主義の人間」を採ってしまうという例だ。これは、人事の事業部長クラスが担うケースが多い。このとき、必要な能力は、採用から評価、育成、組織開発までを一気通貫で設計できる力である。

3つ目が、人事3.0のレベルだ。これは「中期経営計画達成に向けて必要な施策」を、あるべき論から逆算して考えられる人事だ。たとえば、売上1兆円規模の会社が今後、アジア展開を行うとしよう。新しい企業を買収し、PMIを行う。こういったケースの場合、そもそも、その施策を実施する上

で必要な組織施策は、経営の命運を握るレベルになる。他国展開を行うなら、社外も含めて、「子会社の経営をできる人物」を世界中から集めてくる必要があるだろうし、企業買収のあとのPMIを成功させるためには、社内にPMIができる人材を事前に育成しておく必要がある。

　これらは数ヶ月で準備できるような短期的なレベルの施策ではない。経営が施策を欲する、数年前から事前に準備しておかない限り、「運用」のフェーズに乗ることはできない。その意味で経営に対して、2〜3年先に起こりえるシミュレーションを理解し、あるべき姿からの今やるべきことを提言できる「バックキャスト」の能力が必要である。これが経営の意思決定に耐えうるレベルの人事だと考える。

　では、なぜ、これらの機能はCHROが担うべきなのだろうか……？
　結論から言うと、どんな経営者でも必ず、「人に関する部分」で迷いが生じることがあるからだ！

## 1-4 経営の右腕になりえる、CHROの必要性

　経営には、どうしても感覚的な部分がつきまとう。同様に経営の意思決定に耐えうるレベルの人事施策は、定量的に証明できるものばかりではない。

　したがって、どれだけ頭脳明晰な経営者であっても「判断に迷う」タイミングが必ず現れる。

　たとえば、創業期から支えてくれていたメンバーが「事業の展開スピードに追いつけなくなった」とき。最も信頼していたメンバーが、小さな不正を起こしたとき。誤った人間を採用し、重要なポストにおいてしまったとき。
　どんな経営者であっても「人に関わる部分」には迷うタイミングが来る。

　そのとき、誰が彼らの右腕になりえるのだろうか？
　COOだろうか、CFOだろうか。私はそう思わない。本来はCHROであるべきだ。あるいは、その機能を持ち合わせた事業部長であるべきだ。

　COOは往々にして、既存の事業に追われていることが多いし、彼らは本来、事業推進に注力しているべきだ。一方で、CFOになるような人間は必ずしも「人への造詣」が深くない。そもそも、人事の業務というのは本来、極めて専門性が高い。なぜなら、それは人間の感情や、人と人との間に発生する「有機的な力学」をみているからである。
　そして、有機的な力学は無機的なものに比べて全体像を理解することが難しい。

私はかつて、売上1兆円グループのグループ経理財務としても働いていたが、経理財務の業務は「無機的な要素」が大きい。必要なのは、①数字に関する嗅覚であり、②高度に見える理論モデルでも、使っているのは「四則演算」程度であることが多い。また、数字は分離させ、統合させることがたやすくできる。一方で、人事の業務はそうではない。

　たとえば、一度、分解した事業部を、元に戻したとしても、同じ働きをするとは限らない。これは人事機能の難しさである。一度分離したことで、新たな力関係が生まれていたりするからだ。たとえば、元々は、Aさんがこのチームをまとめていたが、事業部を分解したことで、Bさんが台頭するようになった。結果、事業部を元に戻しても、AさんとBさんの関係は以前のものではなくなった。こういうことが多々起きる。

　一般的に「有機的である」ものは、分解したら元には戻らない。

　一度ちぎれた枝を、木に付け直すことは難しい。あるいは、一度、コップに入っていた水を地面にこぼしてしまうと、そのあと、同じコップに水を戻すことは不可能に近い。つまり、「不可逆」なものなのである。
　人事は本来「有機的」で「不可逆」なものなのだ。より分かりやすい例を使うのなら、一度別れた夫婦がもう一度、付き合った当初のカップルに戻るのは相当な努力を要すること。これを想像すると分かりやすいだろう。人間関係とは不可逆でありえるのだ。

　したがって、本来、人事に関わる部分というのは、繊細にかつ、大胆に進める必要がある。
　その会社の有機的な関係を一番よく知っている人がやるべきだ。それは当然、社長であり、役員クラスである。
　彼らは、歴史を知っており、そして誰が誰と仕事をしたことがあるか、相

性がいいかを最も理解している。だが、事業規模が大きくなればなるほど、世代が変われば、忙しい社長が、全ての有機的な関係性を理解することは不可能に近い。

　そこで、必要となるのがCHROだ。彼らは単に「採用ができる」「育成ができる」「組織開発ができる」だけではなく、経営のディスカッションパートナーになりえる。優秀な若手〜中間層が離職するリスクを把握し、警笛を鳴らす。
　あるいは、スポークスマンとなり、社内広報や、社外へのPRも行う。会社の顔として「あの会社はいいよね」というブランドを作りあげる。そうやって「優秀な人材が勝手に集まり、定着する流れ」を作る。

　だが、この「守り」とも呼べるだろう、人事の業務は往々にして軽視されている。(本来は極めて重要な要素なのに、だ)

　その理由は簡単である。「数字に見えにくいから」だ。

　事業の売上や、マーケティング施策などは、数字によって分かりやすく成果が見える。たとえば、売上XX円、予算対比でXX％などだ。だが、人事は成果が見えづらい。もちろん、離職率や、有給消化率などは数字で見える。ただし、それらはKPIにはなっても、経営のKGIにはなり得ない。離職率や有給消化率は、経営にとってはKGIではないのだ。
　言い換えれば、人事とは「KPI」はあるが「KGI」が設定しづらいのだ。

　では、人事のKGIとはなんなのだろうか？

　この本では、人事のゴールを２つに設定している。１つは「事業をスムーズに推進するための人材リソース確保」。もう１つは「個人の自己実現のサ

ポート」だ。

　ここで、あえて２つ目の個人の自己実現のサポートをいれているのは、これをゴールに置かない限り、「人材の長期定着は厳しい」からだ。冷静に考えると、人はあなたの会社で働くために生まれてきていない。ほとんどの起業家は仕事に熱中している、仕事人間だ。私もそうだ。したがって、あたかも従業員が自分の会社で働くために生まれてきたかのように扱うことがある。だが、それは幻想だ。

　より具体的にするため思考を深めよう。

　全ての人はその人なりの自己実現の方法があり、その過程としてたまたま自社にいるだけである。したがって、CHROのKGIは本来「人材リソースの確保」と「個人の自己実現のサポート」を両立することなのだ。だが、これらは数字で定量的に表すことができない。また、成果を客観的に測ることが難しい。

　たとえば、事業が多国籍に展開したとしよう。あなたの会社は、今回、新たに中国で子会社をつくることになった。あなたはすぐさま、現場の営業エースであるAさんをアサインさせ、その下には、マーケティングに詳しいBさん、管理業務役としてCさんをアサインさせた。現地採用も行い、30名の現地メンバーを雇用することにした。結果、事業の立ち上げはうまくいき、一年目から予算の大幅達成となった。

　さて、このとき、Aさん、Bさん、Cさんの3名をアサインさせ、成果を出せたのは、誰の貢献が大きかっただろうか？

　もちろん、まずはこの3名自身の成果である。だが、その背景には、Aさんを育てた元上司の存在がいるかもしれないし、快くエースを排出した事業

部のメンバーがいるかもしれない。あるいは、元はと言えばAさん、Bさん、Cさんという人材を採用した人事の貢献が大きいかもしれない。実際は全てが有機的につながった結果である。

　だが、この時、難しいのは「説明能力の差」があることである。言い換えれば、人事施策は最も「成果を定量的に説明しづらい」のである。たとえば、上述のケースの場合、「Aさんは元々の事業部でも予算を3年連続で大幅達成していて、彼はエースだから」というのは、一番説明しやすい。あるいは、マクロ環境も説明しやすい。そもそも、中国マーケット自体がXX％で伸びているから、売上が出て当然だよ、という人もいるかもしれない。言い換えれば「色んな方向から説明できる」のだ。

　その中で人事施策による貢献は極めて定量的に説明しづらい。

　このケースの場合、人事の貢献とは、
①そもそも、Aさん、Bさん、Cさんを採用したこと
②3名を適切な部署に配属し、エースとして育つ環境を整えていたこと
③彼らを異動しても、既存事業部が成り立つように人的リソースを確保していたこと
④それぞれのキャリアプランを考慮し、納得感を持って異動させられたこと

などが想定される。だが、これのどれか1つでも「定量的な成果」で説明することは難しい。全体感をもって会社を見ている経営者しか、彼らの価値を適切に評価できない。
　だから、企業が人事を重視するかは、その経営者の感覚にしたがってしまうのだ。

そもそも、人事とは「攻め」でもあり、「守り」でもある。
　スポーツで例えるのであれば、2点取ったとしても、3点取られれば負けだ。どれだけ人を採ったとしても、それ以上に人が辞めれば組織は崩壊する。あるいは、単年で事業を加速させたとしても、組織が崩壊していれば、それは長続きしない。どこかのタイミングでボロが出る。2点とっても3点とられたら試合には勝てないのだ。

　私がこのテーマで書籍を書くきっかけはまさにここである。

　つまり、

「本来は重要であるはずの人事が軽視されていることへの危機感があるから」

　だ。だから、私はこのマーケットを変えたい。

## 1−5 HRテクノロジーは、経営を変えるのか？

　では、何が必要なのだろうか？
　私は2つあると考える。1つは「理論」である。理論の価値とは、「再現性をもたせること」と「説明能力を高めること」である。これまで暗黙知的に語られた人事の施策を、理論化していく。結果、CHROが、CMOやCFOと対等に「議論できる土壌」を作ることである。

　もう1つは「データとテクノロジー」だ。
　まず、時代は確実に「論理的に人事施策をやりやすい方向」には進んでいる。

　こう語るその背景にある1つは、「HRテクノロジー」の進化である。マッチングの最適化や、エンゲージメントスコアの可視化、労務サービスの拡充など、様々なHRテクノロジーが勃興しているが、この変化の本質とは、

「これまで感覚的に行われていた人事施策を、形式知化すること」

にある。
　たとえば、どんな会社でも人事なら「なんとなく、この人に部下を充てたら伸びやすい」「この人の下だと新人が潰れやすいから注意しないといけない」という感覚値に近いものがある。このとき、その理由は往々にして「チームの雰囲気」や「上司のマネジメントスタイル」というざっくりとした言葉で語られることが多い。

　だが、現実にはその理由の確からしさは検証しづらい。

上記の例であれば、たとえば、「Aさんが伸びている」理由は、実は上司の能力より、その部門が担当している事業セグメントが好調であることや、クライアントとの関係性が優れているがゆえに、素早い成長ができている、などといったケースは多々ある。「あの人は部下を育てるのが上手らしい」というのは、噂ベースでしか検証できなかった。

　HRテクノロジーの本質とは、この「組織の暗黙知」を「形式化」し、客観的に検証を行えるようになることにある。詳しくは、第2章で紹介しているが、今、最新のHRテクノロジーを使えば

- Aさんが、事業部BのCさんの下についたとき、活躍できる可能性は平均よりXX％高い
- Xさんを、このまま今の部署に置いていた場合、1年後の離職率はXX％である

といったことが分かるレベルまできている。こういった人事施策の多くは、これまでは天才的な感覚を持つビジネスマンだけが持っている、「組織への嗅覚」のようなものだった。一方でマクロ環境からの要請により、事業の多国籍化が進み、人事部は、全体を把握することがさらに難しくなった。現場の状況を把握するコストは上がった。

　反対にいえば、人事部が現場の施策に対する「違和感」を持っていたとしても、現場より遠い距離にある人事部は、それを論理的に説得する術を持ちづらかった。人事部は、「このまま行くと組織が崩壊し、事業は衰退する」ということを理解しながらも、抜本的な改革は、数年後に赤字転落するまで待たざるを得なかったわけだ。

だが、HRテクノロジーによって、人事部は1つの武器を持つことになる。たとえば、企業の事業成長率と、社員の働く意欲はある程度、相関しつつあることが分かっている。言い換えれば、従業員がイキイキしている企業は、事業も伸びやすい、ということだ。これらはデータでとれるようになった。
　また、将来のエース人材の早期退職という危機も、事前に予測できるようになった。

　この世界が進めば、人事部は「数字やファクトベース」に基づき、経営の意思決定に絡むことができるようになる。そうすれば、これまでのように天才的な経営者の鶴の一声による人事施策ではなく、CHRO主導による民主的で、再現性を持った人事施策ができるようになるかもしれない。

　そのための強力な武器となりえるのが、「理論」と「テクノロジー」、この2つなのだ！

第 2 章

# 実務家による育成論

ヒトは「育てる」のか「育つ」のか？

株式会社セプテーニ　コーポレート本部
人材開発部 部長
平岩 力

## 15秒サマリー　文：北野唯我

### <何が書いてあるか？>

　この章では極めて包括的に「HRテクノロジーでできること」と「できないこと」が書かれています。セプテーニというおそらく、日本で一番HRテクノロジーが進んだ会社の事例を把握することで、人事が「どうHRテクノロジーを実務に活用していけばいいのか？」がわかります。

　「100人いたら、100通りの人事施策を設計できたらいいのに」と思ったことはないでしょうか。一概に、人材といっても強みや弱みはバラバラです。セプテーニ社では、これを入社時に約170項目のデータ、在籍10年間で約800項目のデータを蓄積した結果から、社員を4つのパーソナリティタイプに分類しています。

　その結果、たとえばAさんをBさんの下においてはいけない。Aさんをあの部署においたら「好業績」が見込まれる、という予測を把握可能にしています。また多くの経営者が悩む「退職リスク」もこれらによって可能になるといいます。これらは、人事や現場の「なんとなくの直感」を強烈にサポートしてくれる武器になりえます。本章にはその具体的な事例が掲載されています。

### <どういう人にオススメか？>

　このパートは幅広く「HRテクノロジー」に興味のある方に推奨します。主に以下の読者を想定しています。
- 経営者→エース人材の退職リスク把握、中間マネジメント層の育成が経営課題である経営者
- 人事→広告／コンサル業など、人の組み合わせで組織の成果が大きく変わる産業の人事

**目的別！このページを見よ！**

2－1　「育てる」観点からみたヒトと、「育つ」観点からみたヒト
　　　→ 38 ページ

2－2　「育てる」と「育つ」を整理して考える
　　　→ 43 ページ

2－3　人材育成担当の働き方 OS をアップデートする
　　　→ 47 ページ

2－4　未来の人材育成について考える
　　　→ 60 ページ

2－5　人材育成に関する経営からの問いにロジックで答える
　　　→ 66 ページ

## 2-1 「育てる」観点からみたヒトと、「育つ」観点からみたヒト

ヒトは「育てる」のか「育つ」のか？

人材育成に関わる方であれば一度は耳にしたことのある問いではないだろうか。ただ、実際に問われると意外と答えに悩んでしまう。おそらく、多くの方が「育てる」と「育つ」それぞれの実体験があり、いずれかの立場で答えることが難しいからであろう。

> 上司目線

「営業として最低限のことを教えただけで、あとは○○さんの行動力とセンスで<u>自然と伸びていったよね</u>」
「○○さんにはコンサルタントに必要な課題解決能力を叩き込んだ。時間はかかったが<u>育てた自負がある</u>」

> 部下目線

「○○先輩は厳しいけど、指導に対しての熱量とコミットメントがすごい。営業として<u>育ててもらった</u>」
「コンサルタントの仕事は全て○○先輩から学んだ。教えてもらったというよりは、<u>実践から技を盗んだ</u>」

なんとなく聞いたことのありそうな会話のイメージである。主語を「育てる側（上司目線）」と「育つ側（部下目線）」で分けてみたが、それぞれに「育てる」と「育つ」のニュアンスが入っている。「自然と伸びた」や「技を盗んだ」は、「部下が自然に"育つ"」と言え、「育つ」のカテゴリ。「育てた自負があ

る」や「育ててもらった」は、「上司が教育して"育てる"」と言え、「育てる」のカテゴリになる。

　冒頭の問い、"ヒトは「育てる」のか「育つ」のか？"を考えてみると、おそらく、"ヒトは「育てる」し「育つ"」といった具合に、共存するものなのだろう。「育てる側（上司目線）」と「育つ側（部下目線）」で主語も異なるため、「育てる」or「育つ」の二者択一の議論をする類の問いではない。

　一方、先ほどのケースのように、現場で起こっている「育てる」と「育つ」は非常にブラックボックスである。「誰がどんな上司の下でどんな教育を受け、どんな仕事を通してどんな経験をすると育つのか」これらは現場の「暗黙知」であることが多く、人材育成担当の方も掴めていないことが多いだろう。

　本章では、人材育成の実務に関わる方向けに、現場で起こっている人材育成の「暗黙知」を「形式知」に変えるアプローチについて考えたい。具体的には、「育てる」と「育つ」の双方の観点から"ヒトは狙って「育てる」ことで「育つ」"という育成論について考えていく。また、HRテクノロジー（本章では主にピープルアナリティクス）を活用することで、「育てる」と「育つ」のそれぞれを科学的に紐解いていきたい。

「"人が育つ"を科学する」

　これは筆者の所属するセプテーニグループ（株式会社セプテーニ・ホールディングス／人的資産研究所）が提唱する人材育成コンセプトである。このあとに続く2-3では、ピープルアナリティクスを活用した当社の人材育成の事例を紹介したい。

　2-4で「未来の人材育成」が目指すべき姿を考えながら、2-5では経営戦

略の一翼を担う、「未来の人事担当」の姿についても考えていく。

　まずは、"ヒトは「育てる」のか「育つ」のか？"という問いに対し、「育てる」と「育つ」のそれぞれの観点からみたヒトについて、先に挙げた例を基に考えてみたい。

　①「営業として最低限のことを教えただけで、あとは○○さんの行動力とセンスで<u>自然と伸びていった</u>よね」
　②「○○さんにはコンサルタントに必要な課題解決能力を叩き込んだ。時間はかかったが<u>育てた自負がある</u>」
　③「○○先輩は厳しいけど、指導に対しての熱量とコミットメントがすごい。営業として<u>育ててもらった</u>」
　④「コンサルタントの仕事は全て○○先輩から学んだ。教えてもらったというよりは、<u>実践から技を盗んだ</u>」

　①・④のケースは、"「育つ」の観点からみたヒト"であるといえる。①の上司目線では「自然に育った」という感覚を持っているが、ここにはどんな「暗黙知」があったのか。「部下と性格的相性が良かった」「部下に自分の仕事のスタイルがフィットした」「部下に与えた仕事（業務）との相性が良かった」などが考えられる。④の部下目線でも同様に、「上司の仕事スタイルを見て真似した」「上司の顧客対応の仕方が最も勉強になる」「上司としてもビジネスマンとしても目標にしている」などがあったのではないだろうか。

　②・③のケース、"「育てる」の観点からみたヒト"についても考えたい。②の上司目線では、自ら「育てた自負」を持っている。「部下の良い所を理解し地道に教育し続けた」「部下のモチベーションを上げる術が体感的に分かっていた」「部下に必要なスキルを明確にし、スキルUPの具体策を提示していた」などが考えられる。③の部下目線では、「上司がキャリアの方向

性を示してくれた」「上司の薦める本によりインプットが加速した」「上司から営業直後にもらうフィードバックがいつも的確だ」などが考えられる。

　これら「暗黙知」は感覚的に理解いただけたであろうか。おそらく読者のみなさんにも、"「育てる」「育つ」のそれぞれの観点からみた自分"のエピソードを語ることができると思う。つまり、ヒトの数ほど「暗黙知」は存在する。さらにいうと、①〜④のケースのように抽象的ではなく、上司の名前、仕事内容、オススメの本と、より具体的である。

　つまり、"ヒトは狙って「育てる」ことで「育つ」"という考え方を述べたが、これは、「暗黙知」を暗黙知のままでなく「形式知」に変えることで、人材育成の効率（確率）を高めるということだ。「ヒトが育つ」を偶発的ではなく、戦略的に行うことができれば、ヒトの競争力は飛躍する。

## 「育てる」と「育つ」が曖昧に共存すると、上司と部下が責任転嫁し合う？

「育てる」と「育つ」は共存するものでもあるが、当然上手くいくケースもあればそうでないケースもある。共存するがゆえに、責任転嫁のような状態が発生していることもあると考えている。「部下がまったく育たない」「部下のやる気を感じない」というような「育てる側（上司目線）」と、「上司がぜんぜん教えてくれない」「上司から学べることがない」というような「育つ側（部下目線）」とのミスマッチ状態である。

　上司部下という関係性においてありふれた問題なのかもしれないが、双方に期待がなく諦めているような話はよく耳にする。これはある種の責任転嫁であろう。育てる側は自身の経験を頼りにそのスタンスが正しいと疑わず、育つ側の主体性のなさや、やる気のなさを非難する。

育つ側はそのスタンスにマッチしない現実を受け入れるしかないと諦め（場合によっては会社に対しても）、仕事に対する主体性を徐々に失っていく。ビジネスの急激な変化や働き方改革など、労働環境の変化も著しい昨今、このような責任転嫁は様々な企業で起こっている問題だと考える。

　退職との因果関係もかなり強いものがあるだろう。転職サイト等でよくまとめられている退職理由の本音のような記事を見ると、軒並み1位になるのが「職場での人間関係」である。
　特に上司との人間関係が理由になるケースは多く、先ほど述べたような、育てる側と育つ側の責任転嫁の問題も大きく起因するのではないだろうか。

　「育てる」と「育つ」を現場の「暗黙知」に依存した状態。それは危険な状態であり、人材育成担当が解決すべき企業課題ともいえるであろう。

　では、どうすればいいのか？　次項以降では、人材育成に関わる実務担当が持つべき「育てる」と「育つ」の考え方を整理していく。同時に、現場の「暗黙知」を「形式知」へと変えるアプローチについて、当社のピープルアナリティクス活用事例を紹介していきたい。

## 2-2 「育てる」と「育つ」を整理して考える

　ここまで「育てる側（上司目線）」と「育つ側（部下目線）」の二人称を中心に展開してきたが、本項では人材育成担当側の三人称の目線でお伝えしていきたい。言い換えるならば"ヒトは狙って「育てる」ことで「育つ」"をプロデュースする側の目線である。

### 【育てる】ヒトの個性にマッチした武器（スキル、ノウハウ）の提供

　人材育成担当の目線では、「育てる」を主にOff-JT（Off-The-Job Training：職場外訓練と訳され、通常業務を一時的に離れて行う教育訓練のこと）領域として整理したい。人材育成担当のメイン業務となることが珍しくなく、おそらく多くの方がこのOff-JT領域の施策として、体系化された集合型の各種研修をイメージされることであろう。

　組織階層や資格に応じた階層・資格別研修（新人研修、リーダー研修、管理職研修など）や職種や職能に応じたスキルアップ研修などがこれに該当する。実際に企業の人材育成担当の方と話をすると、メインの業務が体系的なOff-JTの企画・運営になっているケースが意外と多い。

　各種研修によって得られる効果を否定するわけではない。しかし、「毎年同時期に各種研修を実施し、満足度アンケートを取得して終了」のようなケースを耳にすることも比較的多くある。正直、こういったOff-JTの企画・運営には少々疑問を感じる。

もちろん、新人研修などにおいては価値観浸透や戦略理解など、企業にとって普遍的な内容も多く含まれることは理解している。ただ、階層・資格／職種・職能と、対象カテゴリを一括りにした均一的な施策を講じ続けることには疑問を感じている。

　先ほど、「育てる」の領域を「ヒトの個性にマッチした武器（スキル、ノウハウ）の提供」と表現した通り、本来、ヒトの個性にマッチしたそれぞれ異なる施策があるはずだ。当然、ヒトの個性によって「効く／効かない」の施策も分別されることが望ましい。さらにいうと、育つ側が自らの個性を理解し、自身にマッチした武器（スキル、ノウハウ）を主体的に選択できる状態が理想的である。

　Off-JT領域で特に重要なことは、「誰に（Who）」「何を（What）」をしっかり設計することである。「誰に」についてはヒトの個性、「何を」については職種・職能の遂行に必要なスキルやコンピテンシー（行動特性）等、それぞれ可視化することが必要である。
　続いて、「どのように（How）」の具体施策と「どうだったか（Check）」の効果検証をセットで考えたい。特に効果検証については、できる限り定量的に測定できるものが望ましい。

　重複になるが、重要なのは育つ側が自らの個性を理解し、自身にマッチした武器（スキル、ノウハウ）を主体的に取捨選択できるための仕組みづくりである。過去の慣習に従って、ルーチンワークで研修を回すだけでは発展がない。「誰に」「何を」「どのように」「どうだったか」を、現場ヒアリングも交えながらしっかり考え抜き設計したい。
　そうすれば、社員にとって間違いなく魅力的なコンテンツとなる。さらには、採用候補者にとってもプラスの材料となり、未来の採用競争力にも繋がるであろう。

## 【育つ】ヒトと環境（組織と仕事との相性）の最適なマッチング

　人材育成担当の目線の「育つ」については、主にOJT（On-the-Job Training：現任訓練と訳され、業務を通して行う教育訓練のこと）領域として整理を進める。OJTと一言でいうと、「育てる側（上司目線）」が「育つ側（部下目線）」に対し具体的な仕事を与えて、その仕事を通して必要なスキルやノウハウを指導・習得させること、となる。

　本章の「育つ」として考えるOJTの枠組みは、育つ側と育てる側の二者間でのトレーニング方法の話だけではない。むしろその前提となる、配置や異動等における組織・チームとの相性や、仕事内容との相性の、環境マッチングこそ大事であり、これは"ヒトと環境が最適にマッチすることで、自然に「育つ」"という考え方になる。この最適なマッチングを科学することこそが、人材育成におけるキーファクトになると考えている。

　ビジネスであれスポーツであれ、明確な根拠はなくとも、"○○の下で○○を学べば「育つ」"という「暗黙知」はどの世界にも存在する。企業内においても、"○○タイプ（個性）であれば○○な上司または組織（配属／異動）の下で○○な仕事（経験）をさせると「育つ」"のような「暗黙知」が必ず存在すると思う。読者のみなさまも当事者として幾度となく体験してきたことだろう。これら「暗黙知」による「確からしい」という感覚を、科学的アプローチで「形式知」へと変えていく方法がある。（次項から具体的に説明する）

- 「○○営業部の○○さんのメンバーには即戦力が多くみな優秀だ」
- 「職人気質な○○さんの下にハマる人は少ないが、ハマったら一気に伸びる」

- 「パワーマネジメントで有名な○○さんだが、○○を育てられたのはすごい」
- 「○○な性格の人は○○職に向いていて、○○を覚えたら最強だ」
- 「前職が○○業界の人は、○○職で成果を出すケースが多い」

現場でもよく聞こえてきそうな内容だが、これら現場で起こっている「なぜ育つのか？」を科学的なアプローチで紐解いていく。
「育つ」を偶発的なものではなく、OJTによる「ヒトと環境（組織と仕事との相性）の最適なマッチング」という観点で捉えなおすことが重要である。

## 【育てる（Off-JT）】と【育つ（OJT）】をミックスして考える

この項では、「育てる」と「育つ」を整理するにあたり、便宜的にOff-JTとOJTという括りを使ってきた。世の中一般的な解釈よりはやや広義なものになったかもしれない。ただ双方に共通する最も大事なポイントは、ヒトの個性を定量的に捉え、個性にマッチした施策を提供するということである。その際の目的は「育てる」と「育つ」で、それぞれ下記のようになる。

「育てる」：ヒトの個性にマッチした武器（スキル、ノウハウ）の提供
「育つ」：ヒトと環境（組織と仕事との相性）の最適なマッチング

つまりプロデューサーとして、人材育成に関わる実務担当が一番大事にすべきなのは"「育てる」と「育つ」をミックスして考え、ヒトの育成をプロデュースする意志を持つこと"である。ヒトの個性を共通の物差し（診断等によるタイプ分けなど）できちんと把握し、環境との最適なマッチングによるOJTの推進（環境に関しても共通の物差しが必要）、またヒトの個性にマッチしたスキルやノウハウをOff-JTにより主体的に会得できる機会の提供まで、ミックスして考えることが重要である。

## 2-3 人材育成担当の働き方OSをアップデートする

　本項では、当社のピープルアナリティクス活用の事例を中心に紹介する。当社では、「"人が育つ"を科学する」というコンセプトの下、ピープルアナリティクスの活用を積極的に推進している。AIが全てとは思わないが、人材育成へのデータ活用価値は間違いなく大きい。同時に、人材育成担当の働き方OSもアップデートが必要だろう。

　後半では、ピープルアナリティクス活用に必要な人材育成担当のスキル・役割についても考えていく。

### 【ピープルアナリティクスを活用する目的】

　「育てる」：ヒトの個性にマッチした武器（スキル、ノウハウ）の提供。主にOff-JTの領域

　「育つ」：ヒトと環境（組織と仕事との相性）の最適なマッチング。主にOJTの領域

　前項で説明した通り、これらの実現に向けてはAIを駆使したピープルアナリティクスの活用が欠かせない。ヒトの個性や組織特性、職務に必要なスキルやコンピテンシーなど、これまで「暗黙知」になりがちであったヒトに関するさまざまな因子の可視化・データ化が必要だ。活用できるデータが整えば、ピープルアナリティクスの活用による「育成モデルの構築」が可能になる。「育てる」と「育つ」に対しての科学的なアプローチである。

　読者のみなさまも既知の通り、採用や配置においてはピープルアナリティクスを活用したさまざまな事例がある。グローバル展開に注力している企業

では、国境を越えた人材育成や登用、幹部育成を下支えするタレントマネジメントシステムの導入が進んでいる。成長著しいベンチャー企業では、AIによる最先端のピープルアナリティクス活用が進み、新たなサービスも後を絶たない。

### ピープルアナリティクスで実現できる人材育成

　ここで、筆者の所属するセプテーニグループ（株式会社セプテーニ・ホールディングス／人的資産研究所）におけるピープルアナリティクスを活用した人材育成の事例について紹介する。当社では、データ活用構想の下、2009年より社員データの蓄積を開始し、2012年には専門チームを立ち上げ、ピープルアナリティクスに関する本格的な研究を開始。2014年頃からは、この研究結果の採用活動への応用を行っている。

　読者のみなさまは、『マネー・ボール』（著：マイケル・ルイス）という本をご存知だろうか？　同書は、基本的にはエンターテインメント仕立ての物語で描かれる小説である。アメリカのメジャーリーグを舞台に、資金力のない弱小球団が、独自の野球理論により豊富な資金力をもつ強豪チームを打ち負かし、リーグを制覇するという実話が基になっている。

　その勝ち方は、強豪チームの作ったルール、つまり「スター選手を高年俸で集める」というルールには参加せず、自分たちの独自の指標で選手を目利きするというものだ。その代表的な指標は、「出塁率※」である。スカウト、すなわち採用においては、アマチュア時代に際立った成績を残した選手ではなく、メジャーリーグでの試合で勝てる選手をスカウティングすべきである、ということが書かれている。当社のピープルアナリティクス活用の起源となる一冊である。

『マネー・ボール』の野球理論を採用の世界に応用すると、日本の採用市場が定義しているルールには参加せず、内定を複数取るような採用市場で人気のある人ではなく、自社でプレーヤーとして活躍する人を事前に目利きできるようになろうということだ。当時のセプテーニグループは、事業は非常に速いスピードで成長する一方、ヒトの供給もマネジメントのレベルも追いつかないという苦しい時期であった。『マネー・ボール』に着想を得た当時の人事担当役員がピープルアナリティクスの活用を構想し、ヒトに関する研究が本格スタートした。

※出塁率
　野球で打者を評価する指標の一つ。打者の打撃機会あたりの出塁割合を表し、高いほど良いとされる。

◆セプテーニグループの「育成方程式」

　当社は常に「育成方程式」という概念に基づき研究活動を行っている。「育成方程式」とは、ヒトが生まれ持った個性とその人をとりまく環境が相互作用することで、成長に影響を及ぼすという法則性を表した考え方である。当社では、職場にある「環境（E）」を「チーム（T）」および「仕事（W）」と定義し、その2要素と本人の「個性（P）」との相性が高いほど、大きな「成長（G）」を生む可能性が増加すると考えている。また、「成長（G）」につい

ては、「営業成績等の定量的な評価が可能な情報」との相関が確認できており、それは常に正規分布がとれていることも実証できている。

この育成方程式では、個性と環境の「相性」という定性的な情報を定量化することが肝要となる。また、成長の測定においては、社内に蓄積された膨大な当社独自運用の360度評価結果を活用。そこから得られるスコアには、直接的に業績には反映されない裏での献身的な働きや、周囲との関係性等、業績のみからは測れない「評判」という情報が抽出される。人材育成の成果が定量化された情報として有用性は高いと評価し、活用を続けている。

## 新卒採用での合否判断からデータ活用をスタート

最初は500名近い社員の人事データをExcelなどで整えるところから始め、大きなデータベースが構築された後にAI（統計技術や機械学習）を取り入れていく流れで拡張していった。最初に着手したのは、採用の合否判断におけるデータ活用である。社内の人事データと定量的な360度評価のスコアで表されるパフォーマンスの関係性の研究をし続け、2016年には人事データを専門に研究を行う人的資産研究所を設立。

その過程で、新卒採用においては、学生の「個性」「取り巻く環境」「行動」を中心とした情報から、入社後のパフォーマンスを予測することが可能になった。具体的には、パーソナリティ診断やエントリー時のアンケート、過去の行動履歴など約100の項目から、過去の社員のパフォーマンスを参照して、応募者の活躍度の予測を行っている。逆に、予測には定量的な情報が必要であり、採用の合否判断において、志望動機や自己PRなどの定性的な情報やエントリーシートの編集は必要ないという前提にたっている。学生の方々の過度な就活対策や負担を軽減したいという意図もあり、採用コンセプトとしても伝えている。

もう1つポイントになるのが、4タイプに分類したヒトの個性（パーソナリティ）を定量的に把握することである。現在の選考フローでは、基本的に面接は役員面接の1回のみで、その他の選考は定量的なデータを取得する目的で行っている。ステップとしては、通常の選考フローでは、エントリー後にWEB上でパーソナリティ診断を受検してもらい、その後グループワークを2回実施する。ここでは、「人事の目による行動確認」と、「学生同士の他者評価(360度評価)」から行動情報を取得している。現在のグループワークの内容は、「自社の業績ポイントを一番高くする」というビジネスシミュレーションゲームや、自分のキャリア観に関するディスカッションなどである。そしてグループワークを通じた印象から、同じグループメンバーのパーソナリティを表す項目について、学生同士で0～5点の6段階から360度評価をしてもらっている。4タイプに分類したパーソナリティを、選考過程で本人のタイプやその傾向についてフィードバックし、自身のパーソナリティについて理解してもらえるように努めている。

◆ 4タイプのパーソナリティ

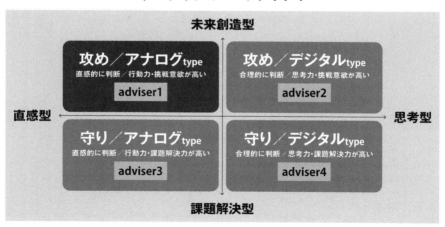

「どのタイプだと良い」という判断ではなく、360度評価のスコアからパーソナリティがどのように発揮されていたかを定量的に把握し、その他の情報と合わせて選考通過の合否判断をしている。そして、グループワーク選考を通過した学生には、役員面接へと進んでもらうことになる。役員面接では、学生時代などの過去における環境や行動について話を聞きながら、パーソナリティの情報をもとにした「行動確認」を中心に実施している。

◆定量データから学生を分析した「アセスメントシート」

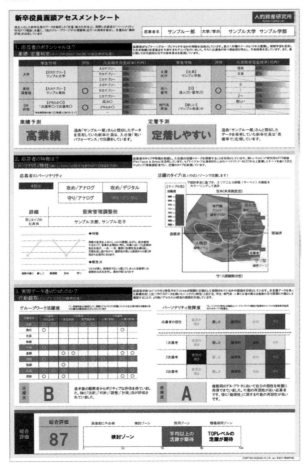

このように、定量的なデータから選考基準を設けて、一般的な選考に見られる「複数の主観的な判断の連続」を防ぎながら、学生への負担が大きい面接回数を最小限にとどめた採用活動を実現している。

## 活躍をKPIにしたデータによる配置／異動、育成プラン

　配置や異動については活躍をKPI（重要業績評価指標）に行っており、この判断にもデータを活用している。特に新入社員時の配属は非常に重要である。具体的には「チームメンバー」「上司」「トレーナー（OJT担当）」との相性スコアを算出し、配属先との総合的な相性をスコア化している。研究の結果、当社ではチームメンバーとの相性の良さが最も重要であると分かってきている。

　新入社員の早期戦力化は組織のパフォーマンスを上げるうえでも重要な課題である。早期戦力化にあたって重要な要素となってくる環境への適応は、本人の個性と配属された職場の特性によって異なってくる。同じ仕事、同じチームメンバーであっても、新入社員の個性が異なれば環境適応の方法は全く変わってくるため、100人いれば100通りのヒトの個性と配属先の特性にマッチした育成プランが求められる。

　これを当社では、データに基づいた新入社員の「環境適応プログラム」と称し、実施している。本人と配属先の特性にマッチした「オン・ボーディング施策※」のようなイメージで捉えてほしい。各個人のプログラムの進捗を定量的に検証し、早期にPDCAを回し、適宜補正（異動や仕事内容の変更）を加えていくことで、新人の早期戦力化を実現することを目指している。

　**※オン・ボーディング（on-boarding）**
　　組織の一員やサービスのユーザーとして新しく加入したメンバーに手ほど

きを行い、慣れさせるプロセスのこと。企業人事の領域では、新規採用した人材の受け入れから定着、戦力化までの一連の流れをいう。

### ◆環境適応プログラムでの分析レポート

**1** G=P×E(T+W) チームへの適応状況

●あなたのチームへの適応レベル

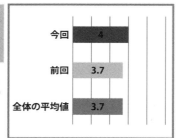

●チームに適応するためには？

チームへの適応レベルは極めて順調に推移しています。あなたのチームの状況や意向をうまくくみ取ろうとする意識、常に状況を整理し、客観的でいようとする考え方、がチームに好印象を与えている可能性が高く、チームにとって大きな存在として認識されています。チームの主戦力としての意識を持ち、積極的な行動を続けていきましょう。

2016年に実施した「環境適応プログラム」の検証では、実施した26名の社員と、未実施の38名の社員の「戦力化率※」に違いが出た。

入社して半年時点では同じであったが、1年後の時点では実施者が85％、未実施者が74％と、実施者の戦力化率が11ポイント上回る結果となった。また、直近では「環境適応プログラム」だけではなく、その後もパーソナリティに合わせ、最適なタイミングで最適なトレーニングを提供する「個別育成プログラム」の開発も進めている。

※**戦力化率**
　当社として便宜上活用している、人材育成における戦力化の一指標。当社が20年以上にわたり実施している「360度評価のスコア」が、一定以上を戦力化したと定義した場合の比率。

### 潜在退職率の可視化およびリテンション（離職・転職を防ぐための施策）

　また、AIによるデータ分析で、潜在退職率の可視化も可能になっている。潜在退職率は、直近5年間の在籍・退職に関わるデータとそれらを説明し得る因子をAIで関連づけさせることで算出でき、たとえばタイプによっては「社内の特定のイベントに参加するか否か」が潜在退職率に関連することも分かってきた。

　また、プレーヤータイプで個人の業績はいいけれど人を育成するのは苦手な人や、「この人はこの環境に異動することでパフォーマンスがこれくらい上がる可能性がある」というようなことも分かるようになってきている。

　意外な分析結果が出ることもある。ある時、社内でもハイパフォーマーと呼ばれるような社員が潜在退職率ランキングの上位にあがってきた。そこで、AIにその社員への異動や職務転換など、リテンション施策となるようなさまざまな変数を与えてみたが、どうシミュレーションしても潜在退職率が下がらなかった。
　結局、その社員は半年以内に辞めてしまった。ただ退職理由はとても前向きで、誰も予想していなかった内容であった。リテンション施策は機能しなかったが、事前に分析結果が明確に出ていたため、データの精度に納得感を持てる事例の1つになった。

## ◆ AIを活用して行った潜在退職率の分析結果

| 予測結果 | 氏名 | 因子群A | | 因子群B | |
|---|---|---|---|---|---|
| | | ○○を変更 | ○○を変更 | ○○を変更 | ○○を変更 |
| リスク高 | | - | - | - | - |
| リスク高 | | ○ | ◎ | - | - |
| リスク高 | | - | - | - | - |
| リスク高 | | ◎ | - | ○ | - |
| リスク高 | | - | ◎ | - | ◎ |
| リスク高 | | - | - | - | - |
| リスク中 | | ○ | - | - | - |
| リスク中 | | - | ○ | - | ○ |
| リスク中 | | - | ○ | ○ | ○ |
| リスク中 | | - | - | ○ | - |
| リスク中 | | - | ○ | - | ○ |
| リスク中 | | - | - | - | - |
| リスク中 | | ○ | - | - | - |
| リスク低 | | - | - | - | - |
| リスク低 | | - | - | - | - |
| リスク低 | | - | - | - | - |
| リスク低 | | - | - | - | - |
| リスク低 | | - | - | - | - |
| リスク低 | | - | - | - | - |
| リスク低 | | - | - | - | - |

◎：リスクが大きく軽減
○：リスクを軽減

　つまり、退職は現場マネジメントの責任というようなイメージもあるかもしれないが、実際はそうでない場合も多々あると考えられ、定量的に分かることがその後のマネジメントを考えるうえで重要になるわけだ。
　一方、人材育成担当の目線では、「どうすればもっとパフォーマンスを発揮できるようになるか」をAIによりさまざまな変数で試し、リテンション施策として、配属や労働条件などに適用することを検討していきたい。

　「石の上にも三年」とよく言われるが、当社の事例をみるとその考え方はあやしいと言わざるをえない。入社当初に何らかのつまずきがあった人のデータを追いかけてみると、3年以上環境変化のないまま在籍し続けている人は少数であった。すでに退職していたり、異動して成果を出している人が多数だったのだ。

一般論としても、一度落ちてしまった評判を同じ組織で上げるというのは非常に難易度が高い。先ほどの「環境適応プログラム」の話に戻るが、新人時代は3カ月ごとにデータを分析し、もし思うような結果が得られない場合は異動やチームを変える提案を積極的に行っている。

## 人材育成担当に求められるスキル・役割の変化

　ヒトと環境（組織と仕事との相性）の最適なマッチング、「育つ」を中心に、当社の事例から、ピープルアナリティクスで実現できる人材育成ソリューションの一部について触れてきた。ピープルアナリティクスの活用価値は、ある程度感じていただけたことと思う。

　次に、ピープルアナリティクスを活用するうえで人材育成担当に求められるスキル・役割について触れたい。2-2で整理した「育てる」と「育つ」について、それぞれに必要なスキルを考えてみる。結論でいうとこうなる。

**【人材担当者に必要なスキル・役割】**
　「育てる」：ヒトの個性にマッチした武器（スキル、ノウハウ）の提供。主にOff-JTの領域
　⇒必要なスキル：個性にパーソナライズ化された武器を提供する、「コーディネート力」

　「育つ」：ヒトと環境（組織と仕事との相性）の最適なマッチング。主にOJTの領域
　⇒必要なスキル：「育つ」を科学しソリューションへ導く、「テクノロジー＆クリエイティブ力」

「コーディネート力」はこれまで人材育成担当が磨いてきたスキルの延長にある。代表的なスキルとしては、企画力や運用調整力、コーチング力や関係構築力など。プラスして伸ばしていきたいのが、「どんなタイプには、何が効くのか」の理解だ。

具体的には、「ヒトの個性」と「数多あるソリューション」をマッチさせるスキルだ。「ヒトの個性」を理解するうえでは、世にある診断ツールの把握、場合によっては心理学的な知見が一部必要になるかもしれない。「数多あるソリューション」については、社内社外問わず、育成ソリューションの引き出しを多数用意できる情報収集力と言えるだろう。

次に、「テクノロジー＆クリエイティブ力」である。まずはベースとして、HRテクノロジーに関する全体把握は必要になるだろう。世にあるサービスや仕組みをある程度はカバーしたいし、分析に関する基礎知識も兼ね備えておけるとよいだろう。
　自ら手を動かす必要はないが、統計分析やAI（マシンラーニング／ディープラーニング）についても学びを深めたい。予測モデルの構築など、プロダクト開発においてはデータサイエンティストやAIエンジニアとの協業が必須になるからだ。

クリエイティブ力も欠かせない。「どんなデータから、どんな仮説を立て、どんなモデル構築を行うか」の初期設計において、データを根拠にクリエイティブに発想する力が極めて重要である。データの量と質が揃っていたとしても、初期設計の当たりのつけ方を誤ると、付加価値の低い情報しか出てこないことが想像できる。

さらには、KKD「（経験（Keiken）、勘（Kan）、度胸（Dokyou）」と言われるような、日本の高度成長期に製造業を中心に根付いたとされる感覚的スキ

ルも必要な要素であろう。成長産業の分野でも、事業運営での経験から過去の事例をもとにした判断は必要だ。

何かトラブルが起きたとき、「経験・勘」により打開策を見つけ、「度胸」でその策を推進するようなことは多くの方が経験しているのではないだろうか。

特にお伝えしたいのは、これまで感覚的に磨いてきた「KKD（経験・勘・度胸）」を大切にしながら、「コーディネート力」や「テクノロジー＆クリエイティブ力」のスキルを高めていきたいということだ。見方を変えれば、「暗黙知」である「KKD（経験・勘・度胸）」をAIによって「形式知」にする、とも言えるだろう。

結果、AIでは代替のきかない人材育成担当としての付加価値は高まり、「ヒト×AI」による最強の人材育成ソリューションの提供が可能になる。今こそ、人材育成担当の働き方OSをアップデートするときではないだろうか。

## 2-4 未来の人材育成について考える

「ヒト×AI」により、人材育成はどう変わるのか。

と聞かれたら、あなたはどう答えるだろうか？　肝要なのは、技術的観点でテクノロジーを極めることではなく、会社やマーケットの未来を予測しながら、自社の人事戦略を設計できることである。感覚的ではあるが、日本のHRテクノロジー関連の市場が急速な盛り上がりを見せる一方で、ピープルアナリティクスの活用はまだまだ遅れているように感じる。

労務管理や採用管理と比較して、費用対効果が可視化しにくい点、成果がトラッキングしにくい点など、人材育成領域に特有な「暗黙知」が多いことが要因として考えられる。前項の当社事例でお伝えした通り、科学的に、"ヒトは狙って「育てる」ことで「育つ」"というアプローチは可能である。

地道ではあるが、PDCAを回し続けることで必ず精度の高い示唆がAIによってもたらされると信じている。本項では、ピープルアナリティクスにおけるデータ管理、および未来の人材育成について考えていきたい。

### HRテクノロジーにより劇的に変わるヒトのデータ管理

未来の人材育成を考えるにあたって、ヒトにまつわるデータ管理方法について触れる。HRテクノロジーによる業務効率化が最も進む分野と思われるのは、人事データの管理である。社員名簿に必要な基本情報、給与計算のための情報、勤怠管理情報、紙で提出された情報など、多くの情報管理業務が

発生する。

　こうした労務管理業務は、当社はもちろん、これまで Excel やシステムごとに多重管理しているケースが一般的であったと思うが、HR テクノロジーにより「API ※」や「RPA ※」などのテクノロジーを駆使することで情報の一元化が可能になった。

　また、人手のかかる業務である労務手続きにもすでに HR テクノロジーが活用されている。企業はもちろん、公的機関でも電子申請が進み、インターネットを介して申請書類を提出できるため、所轄窓口まで出向く必要は少なくなっている。今では、従業員の申請から所轄窓口への届出まで、全てクラウド上で完結することも可能であろう。

　※ API（Application Programming Interface）
　　ソフトウェアの機能を共有する仕組みのこと。よく使う機能が API として用意されていれば、一からプログラムを組む必要なく、必要に応じて API を利用し、効率的に開発を進めることができる。

　※ RPA（Robotic Process Automation）
　　ソフトウェアロボットによる業務プロセスの自動化を指す。複数のアプリケーションを連携して操作したり、表示した画面の内容を確認して入力する作業など、今まで人手で行っていた事務作業を、ソフトウェアロボットが代行する。

　当社でも人事データの一元管理を進めている。前項でお伝えしてきた各人材育成ソリューションの統計解析に活用する社員一人あたりのデータ量は、入社時に約 170 項目あるものが、在籍 10 年間で約 800 項目の情報量となる。

履歴書や職務経歴書、パーソナリティ診断やアンケートなどのエントリー時の情報はもちろん、査定結果や経験職種、異動履歴、社内制度への応募履歴など、さまざまな情報を活用している。当社として重要視しているのは、活用するデータは全て「事実情報」ということである。年齢、学歴、前職、360度評価のスコア（定量値）、のような情報である。例えば、面接などの際の「コミュニケーション能力が非常に高い」といったような面接官による主観的な判断情報は一切含んでいない。

　逆に、事実情報に即した判断をAIが与えてくれることで、勘や経験など、なんとなくの好みや感覚で行っていた「暗黙知」に根拠を持つことができるようにもなる。そうすることによって、人間ではどうしても排除することができないバイアスをできる限り除くことができ、AIとの共存によりこれまでにないソリューション提供を行うことが可能になると考えている。

　すでに多くの企業が人事データ管理の一元化を進めていることと思うが、ピープルアナリティクスの観点では、蓄積されたデータの「何を、どのように」活用していくかが非常に重要になる。そういった意味でも、まずはHRテクノロジーの導入により、人事データの一元管理を行うことを最初のステップとして考えていきたい。

　では、具体的に人事データにはどんなものがあり、一元管理をするにあたりまず何から収集をすべきか。ピープルアナリティクスを実践するにあたり、データの整理および活用の優先度を考えてみる。

〈人事データ／ピープルアナリティクス活用の優先度（★1～3）〉

※順不同

①社員情報★★★：社員番号、氏名、生年月日、性別、顔写真、住所、家族構成、学歴、職歴
②組織情報★★★：所属組織、異動歴、職位、職能・資格
③給与情報★☆☆：給与、給与履歴、社会保険
④賞与情報★★☆：賞与、受賞歴
⑤査定情報★★★：査定結果・評価、昇進・昇格履歴
⑥勤怠情報★☆☆：出勤・遅刻・欠勤・有給休暇、36協定などの労務協定情報
⑦研修情報★★☆：研修種別、研修履歴、スキル
⑧申請情報★☆☆：ワークフロー、各種申請書のフォーマット、申請手順
⑨診断情報★★☆：面接評価、性格診断

　これら人事データが一元管理されている状態が望ましいが、情報量が多くアクセス先も異なるケースが多いことが想像できる。そんなときは、まずは優先度「★★★」とした「①社員情報」「②組織情報」「⑤査定情報」を優先的に収集することを推奨したい。

　特に「⑤査定情報」については、「事実情報」を中心に、誰にでも善し悪しの判断がしやすいノイズの少ないデータを入れることが望ましい。

　「①どんな社員が」「②どんなキャリアを経て」「⑤どんな評価を得ているか」といった具合に、人材育成に重要なポイントを可視化できる。Excelの「列」に氏名を、「行」に①②⑤の情報を入れるようなイメージだ。ピープルアナリティクスへの着手を検討するにあたり、一助となれば幸いである。

## AIによる人材育成の「パーソナライズ化×オートメーション化」

　未来の人材育成は、「パーソナライズ化×オートメーション化」が実現できると考えている。全社員にAIキャリアアドバイザーがついているようなイメージだ。AIを活用したbotでのコミュニケーション等はすでに実現されており、人材育成にも転用は可能だろう。

　AIにより、ヒトの個性に合った人材育成ソリューションがキャリアステージに合わせてレコメンドされる。また、本人が主体的に必要な武器を選択し、実務でのトレーニングを通したフィードバックや、推奨する異動先ポジションが提示される。「育てる」と「育つ」が必要なタイミングでレコメンドされることで、成長実感やキャリアアップを実現することができる。このサイクルが自走している状態を「オートメーション化」と捉えている。

「育てる」と「育つ」のソリューション以外にも、「相談する」のような機能も実装できるだろう。「成長実感がない」「キャリアパスが見えない」など、キャリアに対する悩みにも、AIキャリアアドバイザーの即時性の高いアドバイスが効きそうだ。AIがゆえに、人間よりも圧倒的に多くの情報からアドバイスを提供できることも強みになる。24時間営業の優秀なキャリアアドバイザーが常駐しているような状態だ。

　もちろん、AIキャリアアドバイザーでは対応できないような、高度なコミュニケーションが必要になるケースもあるだろう。そんな時こそ人材育成担当の価値が発揮されるタイミングだ。AIキャリアアドバイザーが「かかりつけの医師」だとしたら、人材育成担当は「腕の立つ外科医」といった役割だろうか。

　まさに、「ヒト×AI」による最強の人材育成ソリューションとなるであろ

う。「ヒト×AI」の総力戦での人材育成は、社員エンゲージメントの向上にも繋がる。ビジネスの生産性の向上はもちろん、人材獲得競争にも優位に働きそうだ。

　最適なタイミングで最適なトレーニングを提供する「個別育成プログラム」について、2-3の当社事例で触れた。現在開発中（検証中）のものだが、上記のような「AIキャリアアドバイザー」のイメージになる。当社では「キャリアコーチ」という位置付けだが、すでにモデルケースも何件か出てきている。テスト対象の社員が、クラウド上の人事システムでレコメンドされる育成プログラムを受けるといったものだが、実施後の360度評価のスコアが上昇するという結果に繋がっている。

　また、AIによる「キャリアコーチ」が存在することで、管理職は「ビジネスコーチ」への比重を高めることが可能となり、組織の生産性が上がることを期待している。

## 2-5 人材育成に関する経営からの問いにロジックで答える

「ヒトの競争力が企業成長の源泉である」ということに異論はないと思うが、ヒトの競争力を定量的に可視化することは非常に困難である。したがって、ヒトの競争力を高めるための施策を講じる人材育成担当のKPIも常にブラックボックスなものとなり、効果測定が難しい。

結果、何か新しい取り組みに対しての予算捻出のロジック（費用対効果を示すもの）がなく実現不可能になったり、そもそも実施した方がいいと思っても提案すら躊躇するような経験を、実務担当の方であれば誰もが一度は経験したことがあるだろう。

逆に経営目線で考えると、費用対効果の見えないものに投資するハードルが高いのは当然であり、例えば業績低迷下におけるコストカット施策において、まずは人材育成予算（研修費等）から削るようなことも、ある種定石として理解できる。

しかし、「ヒトの競争力が企業成長の源泉である」という前提に立てば、ヒトに投資をしてこそ未来の利益に繋がることも間違いない事実である。

本項では、ピープルアナリティクスを活用して、経営者と人材育成担当のギャップ（定量判断できる共通言語）をできる限りクリアにすることを目的に、「人材育成に関する経営からの問いにロジックで答える」ことについて考えていきたい。

## 人材育成に関する経営からの問いとは？

　では実際に、人材育成に関する経営からの問いにはどんなものがあるだろうか。企業のステージや課題感によっても変わってくると思うが、よくありそうな問いとしていくつか考えてみた。

　①効果測定はどうすればよいか？ ROI（費用対効果）はどうみるべきか？
　②マネジメントの得手不得手をどう見極めたらいいか？
　③人員配置によって組織の生産性を高めるにはどうすればよいか？
　④コア人材の退職防止に効果的な施策は何か？

　いかがだろうか？　人材育成の実務に関わる方であれば、おそらく同様の問いを受けた経験があるだろう。いずれも回答に詰まるような難易度の高い問いである。これらの問いに対して、定量判断可能な情報とともに、経営と共通言語で議論できるような状態になれば、人事目線から経営戦略の一翼を担うことが可能になり、人材育成担当としての価値（社内外におけるプレゼンス）は飛躍的に上がる。

　では、それらの問いにどんなロジックがあれば答えることができるのか。ピープルアナリティクスの活用によってどんな答えを出せる可能性があるのか。ピープルアナリティクスを万能薬とは思っていないが、実際にいくつかの問いに対して答えになりそうなロジックを考えてみる。

　ただ注意してほしいのは、あくまでロジックであり、実際に導くことは簡単ではないということである。地道にデータを集め効果検証をし続ける根気が必要ということは、事前にお伝えしておきたい。

## ①効果測定はどうすればよいか？　ROI（費用対効果）はどうみるべきか？

　まずは効果の定義から考えたい。最も分かりやすいものが社員のLTV（Life Time Value）ではないだろうか。「顧客生涯価値」と訳され、社員に置き換えると、「生産性×在籍年数」を企業への貢献利益として算出できる。

　企業ごとに社員一人あたりの「生産性」の定義は異なるが（職種による難易度も異なるが）、おそらく定量化は可能であり、「在籍年数」と掛け合わせることで算出できるのではないだろうか。次に「在籍年数」を1年、3年、5年などの一定期間で区切ることで、「在籍〇年経過時点でのLTV」の評価も可能になる。

　続いて、「在籍期間に応じたLTVの高い社員」に共通する因子を見つけていく。パーソナリティ（社員基本情報、性格診断等）や入社からのキャリアログ（異動履歴、査定結果、業績推移、受講研修など）を調べることで一定の因子が見つかる可能性が高い。ここまでくると、理論上、LTVの高い社員と近いパーソナリティの因子を持つ社員に、同様のキャリアログを辿らせればLTVが高まる確率が上がるといえそうだ。

　例えば、5年目（パーソナリティタイプ：A）のLTVの高い社員と同様のキャリアログを、2年目（パーソナリティタイプ：A）の社員に辿らせるようなイメージである。具体的には、LTVの高い社員と同様のOJT（組織と仕事との相性）とOff-JT（スキル／ノウハウ）を育成施策として提供することが必要である。結果、LTVの定点観測が可能になり、育成施策における「before → after」によりROIの輪郭も見えてくるものと考える。

## ②マネジメントの得手不得手をどう見極めたらいいか？

「管理職の育成に課題がある」という企業はかなり多いのではないか。もちろん当社でも同様の課題を感じている。いわゆる日本型雇用の「総合職」ではよくあることだが、ある職種で高い実績（スペシャリティー）を発揮する人からマネジメント層に昇格していく。

マネジメントスキルの有無に関係なく、実績の有無が判断軸の上位となる。全ての企業でそうとは思わないが、大雑把にいえば、「マネジメントをあまり分からない人がマネジメント職に就く」ということだろう。

結果、もともとマネジメント適性が高く活躍するケースもあれば、スペシャリスト適性が高く上手くいかない場合もある。上手くいかない場合、当人が嫌になってしまったり、部下が疲弊してしまったり、組織の生産性が低下してしまう。おそらく、こういったキャリアアップ時のねじれが、管理職育成の課題の一因になっていると想像できる。本題である「マネジメントの得手不得手をどう見極めたらいいか？」には、どんなロジックが最適だろうか。

当社の一例ではあるが、「マネジメント適性が高く活躍するケース」の社員の共通因子として、性格診断のある項目が高い傾向にあった。「受容性」である。「物事を受け入れること。受け入れ（取り込み）やすいさま」、「外部の状況を受け入れようとする力」といった意味になる。

ビジネスに置き換えると、市場の変化や人の流動性の高さなどを柔軟に受け入れ、適応する能力とも言える。イメージしやすい項目かとは思うが、当社における分かりやすい共通項であり、マネジメントの得手不得手を見極めるロジックの１つである。

ポイントは、それを事前に把握できており、適性を考えたキャリアアップおよび配置を検討している点である。もちろん、「受容性」が低いからといってマネジメントを任せないのではなく、適性にマッチしたマネジメントスタイル（またはマッチした部下の配置）を推奨することで、キャリアの選択肢を広げようという考え方が前提である。

　このように、まずはマネジメントの得手不得手を見極めるための共通となるロジック（判断軸）を持つことが重要だ。すでにあるパーソナリティデータを活用したり、新たなツールで診断したり、選択肢はいくつかあると思うが、一度決めたものをころころ変えずに効果検証を継続的に行うことで見極めの精度が高まっていく。

　結果、経営に対してもロジックを持って提案することが可能であり、意思決定が加速する。なお、見極めることと同時に、マネジメントの得手不得手の特性を踏まえた配置や仕事も重要であるが、これについては③の問いで説明したい。

### ③人員配置によって組織の生産性を高めるにはどうすればよいか？

「$G = P \times E(T + W)$」　※G：成長／P：個性／E：環境／T：チーム／W：仕事

　当社で定義する「育成方程式」を改めて紹介したい。「育成方程式」とは、個々人が生まれ持った個性とその人をとりまく環境が相互作用することで、成長に影響を及ぼすという法則性を表した考え方である。

　蛇足になるが、あくまで考え方であり、数学的にこの方程式を解くことはもちろん不可能である。当社では、職場にある環境（E）をチーム（T）お

および仕事（W）と定義し、その2要素と本人の個性（P）との相性が高いほど、大きな成長（G）を生む可能性が増加すると考えている。

成長（G）の測定には当社独自運用の360度評価のスコアを活用するが、「育成方程式」のロジックで配置された結果、方程式の通り「評価が上がる」という結果が定量的にも証明されている。当社の好業績プレーヤーの360度評価のスコアが総じて高いということを考えると、「育成方程式」の配置ロジックで組織の生産性を高められる可能性は高そうであると考えている。

ピープルアナリティクスを活用した地道なプロセスはもちろん必要だが、人員配置によって組織の生産性を高めることは可能であり、経営に対して指針となるロジックを提供することは間違いなくできる。

### ◆ 4タイプのパーソナリティ

|  | 未来創造型 |  |
|---|---|---|
| 直感型 | 攻め／アナログtype<br>直感的に判断／行動力・挑戦意欲が高い<br>adviser1 | 攻め／デジタルtype<br>合理的に判断／思考力・挑戦意欲が高い<br>adviser2 | 思考型 |
|  | 守り／アナログtype<br>直感的に判断／行動力・課題解決力が高い<br>adviser3 | 守り／デジタルtype<br>合理的に判断／思考力・課題解決力が高い<br>adviser4 |  |
|  | 課題解決型 |  |

当社で活用する4つのパーソナリティのマトリックスを使って、実際の配属イメージを紹介したい。

まず、配置におけるチーム（T）の相性という観点では、基本的に同タイプのマッチングレベルが最も高い。「攻め／デジタル」の上司の下には「攻め／デジタル」のメンバーを配置する、といった具合である。仕事のスタンスや進め方などの考え方のクセが近く、メンバーは上司の良い所（武器）を真似しやすい。結果、成長スピードも早い傾向にある。

　逆に、「攻め／デジタル」と「守り／アナログ」や「攻め／アナログ」と「守り／デジタル」など、斜めの関係の相性はあまり良くない。イメージしやすいと思うが、「物事を感覚的に判断し即座に行動するタイプ（攻め／アナログ）」と「物事を合理的に判断し慎重に判断するタイプ（守り／デジタル）」とが上司・部下の関係になった場合、お互い本質的に理解し合えず上手く仕事が進まないケースが多い。

　一方、「攻め／デジタル」と「守り／デジタル」の縦の関係の相性は比較的良いケースが多い。「物事を合理的に判断し即座に行動するタイプ（攻め／デジタル）」と「物事を合理的に判断し慎重に判断するタイプ（守り／デジタル）」といった組み合わせになり、「デジタル」という思考型が共通するため、攻めと守りが上手く相互補完し合う関係を築けるのだ。

　仕事（W）の相性という観点でも紹介したい。例えば「営業職」の場合であるが、「営業職」という一括りにはせず、まずは「営業職」の仕事を因数分解することからはじめていきたい。

　「新規開拓型」「課題解決型」のような、実務において求められる営業能力に近いイメージである。当社でも同様の分解で「営業職」における仕事との相性を調査した結果、「攻め／デジタルには"新規開拓型"」、「守り／デジタルには"課題解決型"」の相性が良く、360度評価のスコアとパフォーマンス（業績）との正の相関が出た。

実際の配置では、AIにより導き出された、チーム（T）および仕事（W）の相性データを根拠とするが、考え方の大枠はイメージしてもらえたものと思う。結論、科学的な人員配置によって組織の生産性を高めることは可能であり、経営に対しデータとロジックで答えることはできる。まずは大枠からでも、最初の一歩が重要である。

### ④コア人材の退職防止に効果的な施策は何か？

　2-3の「潜在退職率の可視化およびリテンション」というパートで事例を説明した通り、当社では退職予測モデルを活用している。もちろん当社以外にもAIによる退職予測モデルを開発・活用する企業は増えており、人材獲得競争の激しい昨今、退職防止のリテンション施策の重要性は高まっているといえるだろう。

　各社ロジックは異なると思うが、過去からの在籍・退職に関わる人事データと、それらを説明できるさまざまな因子をAIで関連づけさせることで退職予測の可視化が可能である。

　因子になる人事データには、パーソナリティ（社員基本情報、性格診断等）や入社からのキャリアログ（異動履歴、査定結果、業績推移、受講研修など）を活用する。基本的に、過去退職者と近しい因子を持つ在籍社員には退職予測フラグが立ちやすくなる。

　退職予測による可視化をファーストステップとして、重要なのはリテンション施策である。当社においては、2-3の事例でも説明したように、まずはAIによりフラグの立ったリスク因子に変更を加えることを試みる。

AIシミュレーションの結果に応じて、具体的には、当社「育成方程式」で定義する、チーム（T）および仕事（W）に変更を加える。人事異動または役割変更（職制変更も含む）がこれにあたる。もちろん、AIの判断に応じてドライに変更をするわけではなく、上長や役員、人事担当からの1on1ミーティングは並行して実施する。ただし、これまでのものと異なるのは、「なぜリテンションが必要となったか」「どうすればリテンションが効くのか」が予測できている状態で1on1ミーティングを行えることである。

　さらに別の角度からは、エンゲージメントスコアの可視化をツールにより行っている。AIよりも現場からのダイレクトな情報を定点観測できる利点があるためだ。ポイントは、「退職予測」・「エンゲージメントスコア」の定量情報取得と、1on1などの人によるコミュニケーションを適切なタイミングで活用することである。

　全ての退職を防ぐことは困難であるが、複数の網から早期に退職リスクを発見し、先手でリテンション施策を打つことが非常に重要だ。経営への定期フィードバックも必ず行い、経営サイドと一体になってリテンション施策を推進していくことが望ましい。

## サーバントリーダーシップでビジネスの牽引役へ

　「経営からの問いにロジックで答える」について考えてきた。「ヒト・モノ・カネ」の「ヒト」は、最も重要かつブラックボックスであるがゆえ、経営の問いにロジックで答えることの価値は非常に高い。ピープルアナリティクスは万能薬ではないが、ロジックを構成するための重要なファクトになることは間違いない。

　さらには、ピープルアナリティクスを活用した科学的な人材育成スキームは人材獲得競争にも有利に働く。社内の人材競争力を高めるための施策が、

社外の優秀な人材を呼び込むという好循環を生み出すのだ。

　人的資源が企業成長の源泉であり、その重要性が日に日に高まっている現状を考えると、人事担当が担う役割は企業経営の要になるといっても過言ではない。経営者の傍らで、人材をベースにした短期・中長期の事業戦略まで描ける人事を目指したい。事業環境の思わしくない状態においては、最適な労働分配率や採用計画を経営に示唆できるような役割も担っていきたい。

「サーバントリーダーシップ」

　ご存知の方も多いと思うが、比較的新しいリーダーシップの概念である。「組織のメンバーの力を最大限に発揮するための環境づくりに奉仕するリーダーシップのスタイル」という考え方になる。サーバントは「奉仕者」や「使用人」といった意味合いになるが、けして経営者のイエスマンになれということではない。環境の変化がめまぐるしい、現代のビジネスに柔軟に対応するためのリーダーシップスタイルである。今、人事担当にこそ必要なリーダーシップの姿であると考える。

　ヒトのプロフェッショナルとして、人的資源を競争力に。
　サーバントリーダーシップで、あなたがビジネスの牽引役へ。

コラム①　　人事の歴史がわかれば日本の社会がわかる！

# 人事の歴史

経済産業省 経済産業政策局
産業人材政策室 課長補佐
堀　達也

## （1）人事の歴史概観

　日本企業の人事システムや人事機能に求められてきた役割は、時代に応じて変化してきた。その背景には、戦後から現在に至るまでの経済成長率の変化・サービス経済化に代表される産業構造の転換などといった日本や世界を取り巻く経済情勢の変化や出生率低下、平均寿命延伸などを背景とした少子高齢化やインターネットの普及を背景とした個人が保有する情報量の増加など社会情勢の変化が挙げられる。

　また、近年急激にその進化のスピードが加速化してきているＡＩを中心とする技術進歩も無視できない影響を与えている（第2章にて詳述）。本コラムでは、第二次世界大戦以降の経済社会情勢を背景として概観しつつ、その中で日本企業の人事システムや人事機能の役割がどのように変遷していったかをざっくりと眺めてみたい。また、こうした歴史を踏まえて、これからの人事の在り方はどうあるべきか考えてみたい。

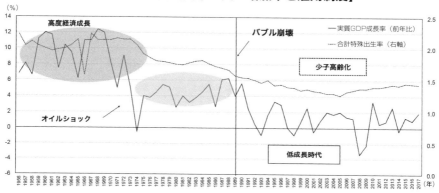

## 【日本の人事制度の変化】

| 年 | タイミング | Before | after |
|---|---|---|---|
| 1989年 | バブル崩壊による低成長時代の突入 | 年功型職能賃金 | 役割等級・成果主義の導入 |
| | | 新卒一括採用・終身雇用 | 即戦力となる中途採用の増加 |
| | | 従業員一律の人事制度 | 経営幹部の育成・キャリア開発 |
| | | 企業別組合・春闘 | 労働組合の組織率低下 |
| 20XX年 | グローバル化／デジタル化／少子高齢化の進展 | 国内・製造業中心の人事制度 | グローバルベースの人事制度 |
| | | 勘と経験に基づく人事 | データも有効活用した人事 |
| | | 安定した人材供給前提の人事制度 | 人材を獲得するための人事制度 |

## （2）戦後〜1980年代：高度経済成長期に支えられて形成された日本の人事制度

　1945年の第二次世界大戦における敗戦は、まさに日本経済を一から立て

直す契機であった。ＧＨＱによる日本の戦後改革は、いわゆる「五大改革指令」からスタートしたと言われているが、その際に挙げられていた5項目は「秘密警察廃止」「婦人解放」「学校教育の自由化」「経済の民主化」、そして「労働組合の結成奨励」であった。

折しも戦後経済の復興期、ドッジ・ラインによる緊縮財政を受けたハイパーインフレの状況下において、労働運動が急激に盛り上がり、1946年10月の「産別十月闘争」を機に、日本で最初の代表的賃金体系と言われる「電産型賃金体系」が確立した。これは、賃金決定にあたって、①経営者による査定権の介入を排除し、勤続年数や家族数などの客観的指標に求めること（年功的平等主義）、②仕事のためではなく最低限の生活を保障するという観点から、賃金総額の約8割を「生活保障給」とすること（生活給思想）、③個々の企業毎ではなく同じ産業の所属する企業が連携して決めること（産業別横断賃金論）を特徴とするものであった[1]。いわゆる「日本型雇用システム」の特徴とされている「終身雇用」「年功序列賃金」の原型は、まさにここに見ることができる。

その後、朝鮮戦争を背景とした特需景気後の不況期には、企業による人員整理等が行われ、再び労働運動の高まりが見られた。この際に確立されたのが、いわゆる「春闘」である。1955年に始まった「春闘」は、我が国で一般的な企業別労働組合の産業毎連合体（単産）が連携して、毎年2月に労働運動を行うものである。「春闘」は、終身雇用や年功序列賃金を維持しつつ、経済成長に応じた賃金上昇や賃金格差の縮小を実現するため、長きにわたり重要な役割を果たしてきた。

1960年から1973年のオイルショックまでのいわゆる高度経済成長期は、右肩上がりの経済成長が実現していた時期であった。好調な企業収益を背景に、労使双方の取組を背景とした雇用維持や賃金上昇が一段と進み、いわゆる「日本型雇用システム」が確立されていった。給与体系は、年功序列型の

賃金体系を維持しつつ、能力ベースの職能資格制度が導入された。また、賃金・処遇における職・工の区分撤廃などの一体的な従業員制度の確立、就職協定に裏付けられた新卒一括採用の形成、配置転換・ＯＪＴ等による能力開発手法の確立、終身雇用制度を支える解雇権濫用法理[2]の確立など、現在の日本の雇用システムの基礎をなす制度・慣行が、次々と形成されていった。

　戦後の混乱期から高度経済成長期に至るまでの企業経営における人事部の役割を振り返ってみよう。企業は高い経済成長に支えられながら、収益を着実に挙げていくことができたため、人事部の主要ミッションは「誰もが一定の昇給や昇進機会を得られる仕組みを通じた組織全体の集団的管理」が主眼にあったと考えられる。すなわち、人材をいかに低コストでコントロールしつつ、収益事業をますます大きく育てていくかが主要な経営課題とされている中、「強い人事」が効率的な人事管理や労務管理を進めることが最重要視された。「春闘」の発展・定着もそうした目的と合致しており、労使間の緊密な連携に基づく取組として機能してきた。戦後確立された「終身雇用」「年功・序列賃金」「企業別労働組合」を特徴とする「日本型雇用システム」は、高度経済成長を実現する一つのドライブとなっていた。

　1973年のオイルショックとそれに伴う世界経済の混乱で、日本の高度経済成長は終焉を迎えた。原燃料価格の高騰は「狂乱物価」と呼ばれる急激なインフレを引き起こし、成長を支えてきた企業の投資も大きく落ち込み、政策的な総需要抑制策もあって、1974年には戦後初のマイナス成長を経験、その後の成長も緩やかなものになっていった。

　しかし、これまで確立されてきた労使間の緊密な協力関係や強力な政策支援[3]によって、失業率の上昇・賃金水準の低下を抑えることができたため、欧米諸国と比べて経済への影響は比較的軽微であった。1980年代には、プラザ合意を背景とした円高不況にも見舞われたが、その後のバブル景気を背

景に「世界第二位の経済大国」になるまで成長を遂げた。こうした劇的な成長の背景にあった「日本型雇用システム」は、諸外国からも高く評価され（エズラ・F．ヴォーゲル『ジャパンアズナンバーワン：アメリカへの教訓』1979年）、急激な景気後退期における労働市場への影響を小さくする点でも一定の優位性が認められていたと言えよう。

### （3）1990年代：バブル崩壊後の低成長期に生じた変化

1990年代の初頭のバブル崩壊以降、経営と人事をとりまく環境は大きく変化した。右肩上がりの経営状況は一変し、低成長の経済環境の中で、経営の立て直しを求められた日本企業は、リストラや早期退職を始めとした構造改革を余儀なくされることとなり、従来型の「終身雇用」「年功序列賃金」を維持することが困難になった。

賃金制度については、戦後ベビーブーマー世代の高齢化により、人件費が経営に与える影響が大きくなってきたことから、一定の社内公平性を確保しつつも、社員の貢献やコンピテンシーによって賃金差をつけ、人件費を抑制することが求められた。具体的には、正社員の処遇制度として「職務等級制度」「役割等級制度」を導入する企業が見られるようになった。
「職務等級制度」は個人の職務を課業（タスク）単位で細かく整理して、それに対価を付けていくという方式であったが、実際にはあまり多くの企業で導入されなかった。他方で、「役割等級制度」は、「職務等級制度」を日本型にアレンジした制度ともいえるもので、職務のとらえ方を大括りに捉えて（課長や部長などといった役割）、職務毎に対応した基本給と成果給を支払う制度であり、日本企業では受け入れやすく、広く普及していった。

また、採用や人材育成の考え方も変化がみられた。人材が人的資源、すなわち「投資価値を持つ生産資源」として捉えられるようになった。新卒一括採用が中心であった採用については、経営環境の変化などに対応することが

できる即戦力を採用するため、中途採用・経験者採用を増加させる企業が出てきた。また、「一律方式の人事管理」に基づき、同一的・画一的な教育手法(横並び研修)が中心であった企業内教育の在り方も変化した。経営体質の改善・強化を図るために、従業員の非正規化も含めてリストラを進め、将来の経営幹部育成のための人材育成やキャリア開発を導入するようになった。

　経済大国として急成長した日本では、個人の生活の質がかつてなく高まっていたことから、働き手の「個の確立」「自己責任」の重要性が高まり、個人がキャリアを考えて行動することが社会的に普及していった。こうした背景もあり、育児・介護休業法の制定（1995年、育児休業法の改正）や男女雇用機会均等法改正（1997年、差別的取扱いの禁止）などの制度的措置も行われた。

　このような企業と働き手の変化は、「人事・労務管理システムインフラ」の在り方にも影響を与えた。経済成長を前提とした強い人事による均一的な人事・労務管理ではなく、変化に柔軟に対応し、現場ごとの個別対応が可能な人事システムが求められるようになる中で、これまでのような汎用的なシステムではなく、使い勝手がよい柔軟な対応が可能なオープン系システムを導入する企業が増えた。ＥＲＰと言われるパッケージソフトが一般化したのもこの時期である。しかし、人事システムの機能は、あくまでも人事部門が業務効率化やコスト削減のために利用する「人事・給与システム」がメインであって、採用・配置や評価、人的資源管理などへの活用は限定的であった。

## （4）2000年代：「失われた20年」で起こり始めた変化

　バブル崩壊以降、「失われた20年」とまで言われ、長らく低成長のままであった2000年代前半、人事の役割に大きな変化が生じる。その社会的背景としては、我が国で特に深刻化してきた「少子高齢化」やグローバル化の進展に伴う「グローバルな人材獲得競争」、デジタル化を背景に、個人がよ

り多くの情報を得ることが可能となったことで、より一層「個の確立」が進み、「ワーク・ライフ・バランス」「ダイバーシティ」が重視されたこと等が挙げられる。

　それまでは業務効率化、コスト削減こそが経営への最大の寄与と考えられていたが、少子高齢化や人材獲得競争を背景に、希少化した人的リソースをいかに最適運用するかが重視され、人事の役割は、より積極的に経営戦略の実現に貢献することが求められるようになってきた。いわゆる、ＨＲＢＰ（Human Resource Business Partner）と言われるように、人事が「経営判断のパートナー」として位置づけられるようになってきた。

　企業における最大の付加価値の源泉は「人材」とみなされるようになり、企業が持続的な競争優位を形成するための「戦略的人材マネジメント（ＳＨＲＭ）」が重視されるようになった。すなわち、経営ビジョンと連動し経営戦略を実現するために、人材をどう戦略的に育成・活用し、成果を上げるかということが、最大の関心事となった。その際、採用・評価・育成・活用・処遇などの一貫したプロセスの下、希少な人材資源をいかに見いだし、開発するかという観点から、「タレントマネジメント」を導入する企業も増えてきている。

### （5）2010年代：新たな時代の人事の在り方

　2007年のリーマンショック、2011年の東日本大震災を経て、2012年以降、長期的な景気回復期が訪れる。少子高齢化の進行も相まって、地方の人手不足感が強まる中で、今まで以上に女性・高齢者・外国人の活躍に目が向けられるようになってきた。

　そうした中で、多様な人材が活躍し、発揮する付加価値を最大化する観点から、「エンゲージメント（個人の自発的な貢献意欲）」が注目されるようになった。エンゲージメントは従業員満足度とは異なる概念であり、より企業と個人の志向性のすり合わせが重視されるものであり、企業業績との正の相関関係を指摘する分析も存在する。

なお、米国ギャラップ社の調査によれば、日本企業の「エンゲージメント」は世界でも最低ランクにあるとされており、日本企業における大きな課題の一つであるかもしれない。近年では、更に「エンプロイー・エクスペリエンス」という概念も登場しており、企業がいかに従業員の立場に立った視点で環境整備を整えられるかという視点が強まってきている。

　こうした新時代の人事システムを支えるインフラは、従来型の「人事・労務システム」とは一線を画しており、人事部のみならず、現場管理者・経営者・従業員自身が使用するインフラへ進化してきた。また、いわゆる「HRテクノロジー」と呼ばれる、人事分野へのAI等のテクノロジー応用が進んでおり、米国など諸外国と比べるとまだ遅れているものの、我が国でも徐々に導入企業が増えてきている。

　こうしたシステムは、従来型の「コスト削減・効率化」を実現する、いわば「守り」のシステムではなく、企業の戦略的人事を推進する最適運用を支える「攻め」のシステムである。また、こうしたシステムに集約された人事情報をデータとして活用すること（ピープルアナリティクス）によって、更に高度な戦略的人事を推進することが可能となる。

### （6）20XX年：これからの人事の在り方とは

　新たな時代に対応した人事システムの導入は、現状、一部の先進的な企業に留まっており、大企業でも依然として多くの企業は「日本型雇用システム」の枠組みから抜け出せていないのが現状である。しかし、今後の経済社会情勢は特に以下の3つの要素において、大きな変化が生じることが見込まれており、その対応は日本企業の人事機能において急務となっている。

（ⅰ）グローバル化：経済活動のグローバル化を通じた国内外企業との競争激化
（ⅱ）デジタル化：あらゆる事業領域、業務プロセスにおけるテクノロジーの活用

(ⅲ)少子高齢化：シニア人口が増加し、若年人口が減少する

　グローバル化の進展は、これまでは輸出主導型産業など一部の業種に限られていたが、インターネットを通じた情報共有スピードの加速化は、あらゆる分野においてグローバルな市場の一体化を促していくことが想定される。特に、シェアリングビジネスの急激な進展は、サービス業など内需型産業においてもグローバル化の影響を受けることが不可避であることを示唆している。こうした中で、グローバルな動向を踏まえた経営判断や組織運営を支える高度人材の重要性がますます増してくることが想定される。
　デジタル化の進展も、あらゆる分野において「破壊的イノベーション」を引き起こしており、従来の競争環境を変質させている。「データ」がビジネス環境に与える影響が急激に拡大、ＡＩの機能も日々加速的に進化している。こうした中で、ＩＴ人材など時代に対応したスキルを持った人材の重要性がますます増大している。
　少子高齢化の進展は、マクロの経済環境や個人の意識を大きく変容させた。人口減少社会で労働供給量は減少トレンドにある中でも、経済成長を実現していくためには、多様な人材の活躍が不可欠となってくる。また、健康寿命の延伸は、就労期間の長期化を促し、これまでのような単線型キャリアを維持することが、ますます困難になってくることが予想される。加えて、新たな時代のスキルは日々進化を続けており、まさに「スキルの賞味期限の短縮化」が進んでいる中で、高付加価値スキルを身に付け続けるためのリカレント教育の重要性が高まっている。

## 日本型雇用のバージョンアップ

| 従来の「日本型雇用」の在り方 | 今後の「日本型雇用」の在り方 |
|---|---|
| 新卒一括採用で大量採用 | キャリア採用の拡大 |
| 終身雇用制度の下、一社に依存した雇用コミュニティ | 副業・出戻りなど多様な社外経験を容認する雇用コミュニティ |
| 年功序列的な賃金制度 | 年齢・役割・労働時間に関わらない賃金制度 |
| 企業主導のキャリア形成 | 個人による自律的なキャリア形成 |
| 勘と経験に基づく人事 | 勘と経験が、データに裏付けられた人事 |

　こうした中で、日本企業の人事は今後いかにあるべきであろうか。

　まずは、付加価値の源泉が「モノ」から「ヒト」に変わってきている中、「人事」の持続的な価値創造を担う戦略的な機能としての役割の重要性がより一層高まってくると考えられる。企業競争力を支える人材確保や、働き手の生産性を最大化するためには、働きがいのある職場の実現などの人材施策が不可欠である。また、そうした取組が持続的な企業価値向上に直結するため、経営者にとって労働市場（働き手）や資本市場（投資家）への発信や積極的な対話を図ることが、今後ますます重要になってくるであろう。

　また、こうした取組と並行して重要になってくるのは、「ＨＲテクノロジー」を活用した人材データの「見える化」である。当面は人事業務の効率化などの取組が先行することが想定されるが、企業の競争力を真に引き出すためには、多くの企業が自社の人材データを再度見直し、蓄積し、分析する、そうした在り方が定着していくことが望ましい。

　他方で、我が国経済において、いわゆる「日本型雇用システム」がもたらしてきたメリットを忘れてはいけない。新卒一括採用・終身雇用が支えてき

た雇用慣行や年功的な賃金制度は、働き手にとっては失業回避、企業にとっては一定規模の新規採用を担保する点で予見可能性を高める役割を果たしてきた。また、企業内部での柔軟な人材配置が可能であるため、危機時における雇用の安定を確保することが容易な点なども挙げられよう。こうしたメリットは、高い経済成長や安定的な労働供給を前提とすれば、一定の合理性を持った仕組みであったと考えられる。しかし、先に述べたように、グローバル化・デジタル化・少子高齢化などの新たな時代の変化を見据えると、現状維持のまま経営競争力を保つことは難しく、今後は、「現代型の日本型雇用システム」にバージョンアップしていくことが求められているだろう。

　こうした問題意識を踏まえて、2019年、経済産業省は「経営競争力強化に向けた人材マネジメント研究会」を開催した（マーサージャパン株式会社への事業委託）。本研究会では、企業の人事担当役員や有識者等を委員メンバーとして、これからの人材マネジメントのあり方について議論を実施し、2019年3月6日（水）の研究会において「人材競争力強化のための9つの提言～日本企業の経営競争力強化に向けて～」と題して、以下のような提言案が示された[4]。

---

＜3つの原則＞
①経営戦略を実現する重要な要素として人材および人材戦略を位置づけること
②多様化する個人のあり方をふまえ、個人と企業の双方の成長を図ること
③経営トップが率先して、VUCA時代におけるミッション・ビジョンの実現を目指し、組織や企業文化の変革を進めること
＜6つの方策＞
④経営に必要な多様な人材確保を可能とする、外部労働市場を意識した

柔軟な報酬制度・キャリアパスの整備
⑤変革や人材育成を担う経営人材、ミドルリーダーの計画的な育成・支援
⑥個人の挑戦や成長を加速させ、強みを活かした企業価値の創出に貢献する企業文化や評価の構築
⑦個人の自律的な成長や学び直しを後押しし、支援する機会の提供
⑧個のニーズに応え、経営競争力強化を実行する人事部門の構築
⑨経営トップ自ら、人材及び人材戦略に関する積極的に発信し、従業員・労働市場・資本市場との対話を実施

　経営環境が激しく変化する中、日本企業が経営競争力を発揮するためには、人材競争力の強化がカギとなる。そうした中、企業における「人事」の役割・重要性は今後もより一層高まってくるであろう。経済産業省としても、「現代型の日本型雇用システム」へのバージョンアップに向けて、強力に施策を推進していきたい。

## 【コラム①　注】

(1) 世界大百科事典第2版
(2) 解雇権濫用法理：「使用者の解雇権の行使は、それが客観的に合理的な理由を欠き社会通念上相当として是認することができない場合には、権利の濫用として無効になる。」とする判例（厚生労働省のホームページより）
(3) 失業給付を中心とする失業保険のみならず、雇用対策に関する事業を実施可能な雇用保険制度の創設などが挙げられる。
(4) 3月6日（水）の研究会では、事務局による「提言（案）」が示されており、提言の最終版は追って公表される予定。

第3章

# トップ企業の「採用」

株式会社カケハシ
**西村 晃**

## 15秒サマリー　文：北野唯我

**＜何が書いてあるか？＞**

　この章では、強い採用を行う上での、①必要なコンセプトと、②その方法論が書かれています。

　まず、採用する上で重要なのは、採用活動の成功を明確にすることです。この章では、採用の成功とは「事業の成功」と「従業員の自己実現」を両立させる状態をつくることだと言います。経営者にとって人材とは、事業リソースの1つです。強い人材を採ることによって、スムーズに事業を運用する体制を作ることが可能になります。そのために、人事は採用活動全体（CX: Candidate Experience）を設計しなければなりません。

　CX（Candidate Experience）とは、UX（User Experience）の採用活動版を言います。強い人事は「面接がうまいだけ」ではなく「認知→一次接触（電話、mailなど）→二次接触（カジュアルな面談、面接など）→内定出し→承諾→入社」までを設計する必要があります。人事とは、設計者であり、プロデューサーであるべきなのです。

**＜どういう人にオススメか？＞**

　このパートは「採用活動」に興味、関心のある方に推奨します。
　主に以下の読者を想定しています。
- 経営者→CXOポジションや、事業部長クラスの人事を採りたい経営者
- 人事→自社の採用力を強化したい企業人事、他の企業がどう採用しているかを知りたい人事

## 目的別！このページを見よ！

3 − 1　最高の仕事「採用」そして、その成功とは
　　　　→ 92 ページ

3 − 2　採用に関する経営からの問いに答える
　　　　→ 100 ページ

3 − 3　採用活動における採用担当の役割
　　　　→ 106 ページ

3 − 4　一流の採用担当になるための成長ステップ
　　　　→ 112 ページ

## 3-1 最高の仕事「採用」そして、その成功とは

### 「採用強者」への誘い

　事業において、「売り上げを上げる」「プロダクトを開発する」という基礎的な価値を提供するのは言うまでもなく、「人」である。優れた人材を獲得するための採用戦略については、各社が頭を悩ませていることであろう。本パートでは、採用における原理原則と「**Candidate Experience**」のような概念・事例を交えながら、「採用強者」へと読者の方を誘うことを目的とする。私はSansanという会社で採用のマネジャーを務め、3年間で150名から400名へと組織が拡大する様をリアルに経験してきた。また、2019年1月より株式会社カケハシという創業3年のスタートアップにて採用や制度設計などの人事業務に現場の第一線で従事している。その経験から大きな事業成長を遂げた要因の一つが「採用の成功」だと断言することができる。ここでは、その際に経験した知見などもお伝えしていきたいと思う。

　採用だけで一冊の本になってしまう程のテーマなので、本章ではメインの対象を下記の方に絞ることとした。もちろんメインの対象でない方についても、多くの学びとなるように努めたつもりである。

- 採用をこれから担当する新任担当者
- 採用の専任担当者をこれから置こうと考えている企業経営者
- 今まで自己流でなんとなく採用をやってきた担当者や企業
- 採用担当としての仕事にマンネリを感じている担当者や企業

## 「採用」って辛い仕事なのか

　この章をご覧になっている方は、何らかの場面で採用に携わっている方であろう。まず冒頭に声高に下記の宣言をさせてほしい。いきなり何だ！　と思わずぜひ読んでほしい。

　採用という仕事は**「事業の命運を握るだけのインパクトを起こすことができ、多くの人の人生に主体的に関わることができる、この世に存在する中で最も事業貢献度が高く、最も成長のチャンスが多い、最高の仕事の一つである」**と。

　事業成長の鍵を握るという意味で、もはや社内のフィクサーの側面すらあると思っている。さらには、後述する多くの要素を持っている一流のリクルーターになっていく過程にはビジネスマンとしての圧倒的な成長が約束されている。そういった仕事なのである。

　私がいきなり鼻息荒くこのように宣言をするには、もちろん根拠がある。私はIT企業の採用責任者として働くと同時に、多くの企業様の採用コンサルティングに従事してきた。その中で、多くの採用担当の友人やクライアントが疲弊し、日々の業務に忙殺されている姿を目にしてきた。とあるメーカーの採用担当者の方は「現場からのオーダーに対応しているだけで、採用業務に主体的な楽しみを感じられない」と言うし、とあるITベンチャーの採用担当者は「日々のToDoをこなすのに必死で、自分が本当に事業に貢献できているのか、自分が成長できているのか不安です」と言う。または、現場のメンバーから「採用担当って応募してきた人を面接するだけの簡単な仕事ですよね」と言われて意気消沈している方もいらっしゃった。

　上記のコメントが自分のことのように感じられる人も少なくないだろう。

何を隠そう私自身が採用という仕事に携わった初期の頃は、同じような感情を感じていた。そんな自分が「最高の仕事だ」と断言できるようになっていく過程で学んでいったこと、実践していることを本章にまとめさせて頂いた。悩んでいらっしゃる採用担当の方に希望を提供できれば嬉しい限りである。

## 「採用」の成功を定義する必要性

では、「最高の仕事」だと感じるために何をするべきか。ファーストステップとして、まずは「採用の成功を定義」しよう。なぜなら、ワクワクしながら働き、大きな成果を上げている採用担当はすべからく自分なりの成功を明確に定義しているからである。狭義には「現場からのオーダーに応じ、人員を充足させること」が成功だと定義することも可能であるが、全然ワクワクしないじゃないか。ここではもっとプロアクティブな成功の定義を行いたいと思う。

## 採用ポリシー策定の必要性

採用の成功を定義する前提として、採用ポリシーについて考えたい。採用ポリシーとは、「どのような人物を採用したいのか」を明文化したものである。もし、あなたの会社が採用ポリシーを掲げていないのであれば、すぐに明確なものにならないとしても、作ることをお勧めしたい。

もしあなたの趣味が「料理」だった場合を考えてみて欲しい。誰かに料理を振る舞うシチュエーションにおいては、「目的」「ジャンル」「食材」「予算」「盛り付け」などなどを明確にしていくはずだ。何かの成功（料理の場合は「美味しいと言ってもらう」など）に向かう際には、明確にすべき項目があるということだ。採用におけるその一つの大事な要素が「採用ポリシー」なのだ。

ひとえに採用ポリシーといっても、企業ごとに千差万別である。ここでは、参考のために世界一有名な採用ポリシーと言っても差し支えない「Google」の採用ポリシーを例示として掲載させていただく。非常に有名なのでご覧になったことも多いと思うが、かなり明確に採用すべき人物像を定義していることを確認いただけると思う。

| | |
|---|---|
| 1 | 自分より優秀で博識な人材を採用せよ。学ぶもののない、あるいは手強いと感じない人物は採用してはならない。 |
| 2 | プロダクトと企業文化に付加価値をもたらしそうな人物を採用せよ。両方に貢献が見込めない人材は採用してはならない。 |
| 3 | 成功を成し遂げる人物を採用せよ。問題について考えるだけの人物は採用してはならない。 |
| 4 | 熱意があり、自発的で、情熱的な人物を採用せよ。仕事がほしいだけの人物は採用してはならない。 |
| 5 | 周囲に刺激を与え、協力できる人物を採用せよ。ひとりで仕事をしたがる人物は採用してはならない。 |
| 6 | チームや会社とともに成長しそうな人物を採用せよ。スキルセットや興味の幅が狭い人物は採用してはならない。 |
| 7 | 多才でユニークな興味や才能を持っている人物を採用せよ。仕事しか能がない人物は採用してはならない。 |
| 8 | 倫理観があり、率直に意思を伝える人物を採用せよ。駆け引きをしたり、他人を操ろうとする人物を採用してはならない。 |
| 9 | 最高の候補者を見つけた場合のみ採用せよ。一切の妥協は許されない。 |

引用：『How Google Works 私たちの働き方とマネジメント』「採用のおきて」P.186

　天下のGoogleの採用ポリシーを見てビビらなくて大丈夫である（笑）。実感値だが、ここまで明確な採用ポリシーを持っている企業は全体の1％もない。まずは、採用ポリシーを策定するということが大切なのだ。採用ポリシーを策定している企業も全体の15％程度な印象であるし、さらには明文化することができれば、上位10％に入ることができるであろう。それほどまでに大切なことなのだが、各企業で明確にされていないのが採用ポリシーなのである。

設定のレベル感であるが、例えば下記のようなものでも構わない。まずは設定してみよう。
- 好き嫌いでの採用はしない。事業にとって必要な人を採用すること
- 一部のメンバーの恣意的な判断で採用決定しない。他職種のメンバーにもチェックに入ってもらうこと
- 現場のニーズに引っ張られすぎないこと。経営戦略の整合性を考えること

## 事業成長・自己実現・組織の活性化

では、採用ポリシーが明確になっている前提で、私なりに採用の成功の要素を洗い出すと下記のようになる。

**1、「採用ポリシーに則り、基準をクリアした仲間に自社にジョインしてもらうことで事業成長を実現すること」**
**2、「ジョインした仲間が事業成長と共に自己実現を叶えること」**
**3、「組織の多様性が増し、組織の活性化が実現されていること」**

図示すると下記のような図となる。

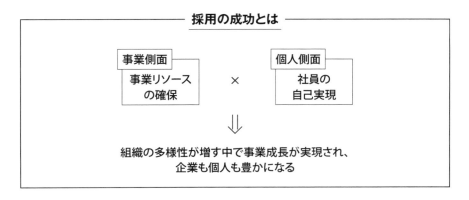

採用の成功において大前提となる要素は「事業成長」である。ここのピン留めは非常に重要である。私が所属してきた企業においても、「事業成長」という目線が抜け落ちた施策は常に NG となっていた。事業が成長することでより多くの顧客にベネフィットを届けることが可能になるし、より大きな影響力を持つことができる。引いては、継続的かつ多くの雇用を生み出すことも可能になる。

　事業成長のためのプレイヤーは簡略化すると「事業」と「個人」と個人の集合体である「組織」の３つ。採用とは、事業の目線に立てば、「事業リソースを確保し、円滑またはチャレンジングに事業を運営する体制を整えること」であり、個人の目線に立てば、「自己実現（キャリア、収入基盤、成長など）の場の提供」である。そして、事業を支える個人の集合体である組織が「活性化」することで、マンネリ化することなく非連続な成長を実現することが可能となる。

　この３つの要素のバランスをとりながら、事業成長を実現して初めて採用の成功と言えるのではないだろうか。両立のためには双方ともに短期的な目線のみならず、中長期の目線が必要となり、そのバランスをとっていくのも HR の重要な機能であり、言い換えれば「ヒト」と「コト」の双方の目線が必要ということである。

　ぶっちゃけていうと、HR の機能として上記の３つを高い次元で理解し採用を実行することが出来れば、仕事の５割は終了したと言える。定着施策や育成施策はもちろん講じていくことになるが、採用の成功が全ての事業のスタートになると考えている。自戒を込めて書くが、**多くの HR パーソンは「ヒト」に寄り過ぎてしまい、「コト」の目線が弱いように感じている。**詳しくは後述するが、一般的な経営の知識を高めることや、事業への理解を高め

ることは採用の成功において圧倒的な前提になると肝に銘じるべきである。

## ワクワクする成功の定義をミッションに落とし込む

　前段にて、成功の要素についての洗い出しを行なったが、もう一歩踏み込んでみたい。定義を読んだだけでテンションが上がるようなミッションに仕上げることをオススメしたい。ワーディングにこだわりたいということだ。

「ああ、自分ってこんなに素敵な仕事をやってるんだ！」と思えるだけで、仕事のクオリティは変わってくる。ましてや、チームで採用活動をしているのであれば、それはある種の判断基準にもなってくるだろう。あくまで参考程度だが、私自身の「ミッション」を実際に使っているワーディングで下記に記載させていただいた。また、数社の大きな成果を出している採用担当者に聞いた、採用の成功の定義を紹介したいと思う。是非、みなさんなりのミッション考える一助にしてほしい。

**筆者自身のミッション**
「当社の採用チームは、採用を通じて『圧倒的な事業成長』と『仲間の幸せ』を高い次元でマッチさせることを使命とする。また、組織の潤滑油としての役割を担い、『組織の活性化』にも大きな責任を持っていると自覚する」

**2000名規模の医療機器メーカーの採用担当者（採用担当者は10名）**
「各事業部を適切に機能させるために、採用活動は存在する。そのために取るリスクは全て前向きなものであり、どの事業部よりも野心的で失敗の多いファクションであろう」

**150 名規模のコンサルティング企業の採用担当者（採用担当者は 1 名）**
「採用で会社を勝たせることがミッション。事業が成功するために仲間が必要だし、今のフェーズで入ったみんなの個人としての成功も応援したい。〇〇（社名）の採用担当として、最もプロダクトと仲間を愛している存在でありたい」

**20 名規模の IT スタートアップの人事担当役員（採用の専門担当は無し）**
「採用とは、営業であり、マーケティングであり、事業活動そのものである。採用の成功が事業の角度を決めるとし、最優先事項として取り組み、仲間集めに絶対に妥協することはしない」


　いかがだろうか？　4 者 4 様の「ミッション」をご紹介した。お気づきだろうが、採用の成功の定義やミッション自体には正解など無い。定義することに大きな価値があるし、事業の状況や会社規模によって大胆に見直すことも必要であると考えている。何よりも大切なのは採用担当であるあなたが「ワクワク」している状態だということを感じて頂ければ幸いである。

## 3-2 採用に関する経営からの問いに答える

### 経営との共通認識を持っているか？

　企業の採用担当として、経営からのどのような問いに答えていけばよいのか？　前述の通り「事業成長」に向かって採用活動を行うにあたり、経営陣との共通認識がないことはあり得ない。事業の目指すところを採用担当が深く理解し、伝える言葉を持つことが全てのスタートなのである。

　2014年当時、200名規模の企業の採用担当の知人から「自社の事業が好きじゃないんですよね。このご時世で伸び代もないと思うし、面接していても感情移入出来ないんです」と相談されたことがある。若い担当者の方だったが、「社長や上司とは事業について会話してる？」「事業のどういった点や展望に同意できないの？」と聞いてみた。するとその担当者は「いや、そこまで話せてないですねー。自分なんかが話しても意味がないし……」とのことであった。みなさん、この事実をどのように感じられるだろうか？

　上記のケースの場合は、採用担当者と人事部長の1on1の設定を促したことをきっかけに、人事部と経営陣のMTGを定期的に実施する運びとなった。結果、採用担当者の事業理解が深まるとともに、前述の「採用の成功」についての共通認識を経営陣と人事部で持つに至った。今ではその企業は、500人を超える規模に成長され、当時の採用担当者の方は10名を超える採用チームのマネジャーとして活躍されている。経営との距離を感じているのであれば、直接対話すると好転に向かうという一つの事例である。

とはいえ、全てのケースで経営陣とのコミュニケーションができるわけではないし、もし深く理解しているにもかかわらず、事業の目指すところに共感できないのであれば、それはマッドサイエンティストと一緒だ。あなたの技術や想い、熱量を正しいことに使って欲しい。今すぐに転職すべきとまでは言わないが、そういった選択肢も検討したほうがよいのではないだろうか。

## KPI採用とROI採用

さて、「経営と採用において何をどうやって握るか」という議論の前提として、大胆に採用というものを二つに分けてみたい。そう、「KPI採用」と「ROI採用」の二つである。

「KPI採用」とは、一般的にイメージされる採用活動に近く、採用の歩留まりや採用単価を意識し、採用の「量」や「数値管理」に意識の多くを向けるような採用活動である。多くの人事が取り組んでいる、地道で大切な採用活動であると言える。この採用への取り組みは企業のどういったフェーズでも発生しうるものであろう。

対して、「ROI採用」とは、スタートアップにおけるCXOや経営人材の採用であり、大企業などにおける役員のヘッドハンティングや重要ポジションの採用などである。つまり、そこには「KPI採用」のように細かな数値管理は存在せず、1名の採用が会社の命運を握るような採用である。まさに、「質」を念頭に「大きなリターンを意識しての採用活動＝ROIの採用」である。

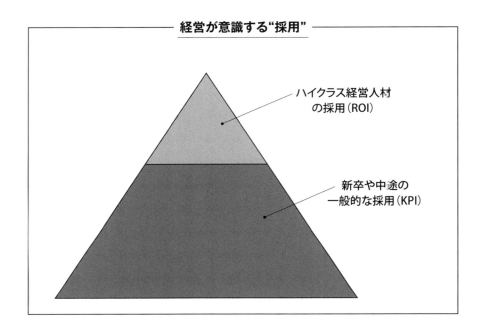

　誤解なきように書くが、どちらの採用が重要であるという議論は不毛である。経営からの問いへの答えとして、今目の前にある採用課題が「KPI」と「ROI」のどちらの採用で解決しうるものなのかを考えるということが重要であるということであり、採用担当として常に繰り出すことのできるカードとして手元に持ちたい考え方である。

　企業様の採用のサポートに入らせて頂くと採用計画が上記の区別なく立てられているケースに多く遭遇する。個人的に痛い経験としては、例えば「採用単価」というKPI的な考え方に縛られ、大胆な「ROIの採用」をすることが出来なかったことがあった。今思えば絶対に採用しておくべき人材であったのに……。

## 採用単価や待遇の考え方

　採用単価というのは非常に重要な考え方である。むしろ採用担当者の熱意や行動で採用におけるミラクルが起きることもある。後に述べることはそういった熱意を否定するものではないし、既存社員との年収バランスもあるだろうし、金満採用をするべきという主張でももちろんない。その前提で読んでいただきたい。

　一般的に経営との会話においては、採用目標の人数によって採用予算が存在し、各採用担当が採用単価を適正にすべく試行錯誤していることであろう。一昔前の転職市場を考えると、超大手企業からベンチャー企業への転職は今ほど当たり前には行われていなかったし、スタートアップが超大手企業とバッティングすることもそこまで多くなかった。どちらかというと、KPI採用の世界でいかに採用単価を抑えて、オペレーションをうまく回すかが重要視されていたという側面がある。

　ただ、現在の採用マーケットはそうではない。規模や業種が違う企業とも、あらゆるポジションで採用バッティングする、まさに「War for talent」の群雄割拠の戦国時代である。その時にKPI採用だけをグルグル回しているだけでは、事業成長に本当に必要な仲間に自社を選んでもらうことは出来ない。では、どうすればいいのか？　以下の二つが考えられる。

> 1、特殊ポジションや特殊な選考ステップを用意し、候補者の意向度を上げる
> 2、KPI採用とROI採用で予算を別にするよう経営陣と握る

　1の「特殊ポジションや特殊選考ステップの用意」については、ある程度イメージが湧く方も多いかと思う。これですら難しいというケースは散見さ

れるが、この点については経営や現場に比較的交渉しやすいのではないかと思う。

　問題は2の「別予算の確保」である。これははっきり言って一筋縄ではいかない。相当の覚悟が必要だ。経営陣から「おお、いいよ！　予算は上限なし！」なんてなる筈がない。実際に私は、本当に来て欲しい候補者を年収や待遇面の理由で10名近く連続で入社頂けなかった経験を持っている。背景としては、過去に他社で役員を務めていた方が大幅な年収ダウンを受け入れて、入社し大活躍したという事例があったため、オファー金額の柔軟性を持つことが出来なかったのである。俗に言う「（年収大幅ダウンという）踏み絵を踏ませる採用」である。もちろん覚悟を問うという意味で、一定の必要性があることは認識している。

　しかし、その方の前後の採用を分析してみると、その方以外には全く承諾者が出ていないことが明確であった。私は「ROI採用には別予算を持つべき」と上申し続け、遂に経営者から「西村、これはいよいよオファー金額やポジションを検討しなきゃダメなのかもな」となったのだ。他社のケースを聞くと、年収は上げることが難しいので、サインアップオプション（入社一時金）で調整する場合もあると聞く。

　ROI採用における採用担当の覚悟とは**「経営と一緒に採用で（全力を尽くしながらも）負け続ける覚悟」**と言えるのかもしれない。

「待遇」でも戦えるように経営と握るのか、待遇の改善は行わずあくまで「企業の魅力」で勝負するのか。その場合は、10戦して1勝もできない可能性を許容しうるのか。などなど、議論は尽きない。全てにリッチな状況というのは余程のことがない限りあり得ないので、どうやりくりするのかが採用担当としての仕事の醍醐味の一つであると言えるのではないだろうか。

何れにせよ、オファー金額については採用マーケットと対峙しているプロフェッショナルとして、適切なマーケットバリューを把握し、採用の意思決定者に確度の高い選択肢として下記のように提示できるといい。これはKPI採用であってもROI採用であっても同じく重要な考え方である。

---

年収500万円の場合の決定確度
当社：他社＝ 4：6

年収600万円の場合の決定確度
当社：他社＝ 7：3

---

（候補者の適切なマーケットバリューを知りたい場合は、優良エージェントや同業他社の人事からの情報収集が有効である。これについては、別途記載することとする）

## 3-3 採用活動における採用担当の役割

### IJAIC(アイジェイク)への変遷

　さて、ここまで「採用担当」という言葉を気軽に使ってきたが、本パートではその具体的な役割を見ていきたい。時代によって採用担当の役割も変遷してきている。

　私は旧来型の採用担当の役割は頭文字を取って、「IJC(アイジェイシー)」と呼んでいる。

- I：Introduce（会社や事業、社員などを適切に紹介する機能　ex 会社紹介や社員紹介など）
- J：Judgement（面接などの候補者とのやり取りを通じて、自社とのマッチを判断する機能　ex 書類選考や面接での評価など）
- C：Coordinate（候補者の応募から入社までのフローを適切に進めていく機能　ex 日程調整や面接官アサインなど）

ここ数年で、採用環境の激化により上記に、
- A：「Atrarct（候補者に対して、自社を適切かつ効果的に魅力づけする機能）」
- I：「Impact（候補者の人生における、自社との出会いの価値を最大化する機能）」

を加えた「IJAIC(アイジェイク)」に変遷してきている。

Attractはその名の通り、自社の魅力づけをする役割である。情報発信を実施する事で採用ブランディングの向上や中長期の関係性構築のために社内のイベントに招待したり、ミートアップを実施したりする事で候補者に訴求していく活動である。外資系企業の中には、スポンサードしているテニスの大会に招待する例もあるのだ。前パートで言及した待遇面での訴求や独自のポジションの提示などを含めたAttractに長けた企業がここ最近は採用マーケットを席巻してきたイメージである。ベンチャー企業で言えば、メルカリ社などが好事例であろう。オウンドメディアである「Mercan」などでの情報発信が採用の成功に繋がっている。

## Impactの重要性

　Impactについては、Attractとは似て非なる役割だと認識をしている。単に言葉で伝えたり、Web上での情報発信をするだけではなく、より生々しく、候補者に直接的に深く届くイメージだ。Impactを言い換えると、

**候補者との時間（特にリアルでの面談や面接）の価値を最大化する役割**

　だと考えている。自社で採用活動をしている際に、候補者の方に競合する企業の印象を聞く事がよくある。世の中的に採用が強いとされている企業の印象に必ず出てくるのが、色々な言葉に換言されるが、**「面接官や人事担当者が自分に真正面から向き合ってくれた」**というものである。候補者は人生の貴重な時間を使って自社に話を聞きに来てくれているのだ、という根本的な考えから生まれるこの姿勢の徹底は、明日からでも実践できるし、後に言及する「候補者体験」として大きな差別化になる。

　参考までに、私が実践している具体的な事例を1つご紹介しよう。それ

は、「**合格の方だけでなく、落選や辞退となる方にも本気で向き合う**」という事である。面接をしていると残念ながらポジションニーズに合わないケース、現段階で能力の観点から落選となるケースや内定を出した方に承諾頂けないケースもままある。その際の対応を考えるという事である。

　合否に関係なく、私は面接や面談を担当した方には本気のフィードバックをさせて頂いている。お会いしている最中にお話しすることもあるし、面談後にフィードバックをお送りすることもある。その際には失礼にならない様に「人事として当たり障りないコメントをするのではなく、感じたことを率直にフィードバックしてもいいですか？」と確認する様にしている。もちろん応募先企業の社員であり、面接官という立場なので、フィードバックを断りづらい側面もあるだろう。

　しかし、60分という面接だったとしても移動時間や会社の情報を調べる準備時間、レジュメを作成する時間などを加味すれば120分近い時間を自社に使ってくれているのだ。もし、自社ではマッチしないとしても今後の転職活動やビジネス人生にプラスになるフィードバックをできるのであれば、その時間を使ってくれたことに感謝を伝えられるのではないかと考えている。

　フィードバックの内容はポジティブなものであれ、改善点であれ自身の言葉で、感じたことを謙虚な言葉でありながら大胆に伝える事が肝要である。「経歴を聞いてどう思ったか」「話し方にどんな印象を抱いたか」などの感想や「ご自身では話をされなかったが、人事として強みだと思う事」「現在は受けていないが、マッチすると感じた業界や会社」など人事としてのスペシャリティを発揮できるとなお良いであろう。

　そうすると何が起きるのか。個人的に良好な関係を築く事に至るのだ。入社に至らなかった方からの候補者の紹介が発生することすらある。私自身は

「裏のKPI」として、**「辞退者や落選者からの候補者紹介を○○件もらう」**というものを設定している。これは、紹介をもらうことを目的としたKPIではなく、そこまで候補者と向き合い、本気のコミュニケーションをすることを自身に課すために設定している目標である。口ばっかりの採用担当者にならないための自己研鑽が必須となるこの裏KPIを私は個人的に非常に気に入っている。

### ステークホルダーマネジメント

ここまで、社内の関係者や候補者との関係性に言及してきたが、それ以外に大切なステークホルダーが社外に存在する。それは「人材紹介会社の担当者」「採用媒体の担当者」などの採用ベンダーの方々である。詳しくは6章にて担当の寺口氏が言及をしているので、ここでは最も大切な考え方と具体的な手法についてのみ記すこととする。

採用ベンダーが採用の成功に占める割合は非常に大きい。私が採用ベンダーの方々とコミュニケーションする際に気をつけている事をまとめてみた。

ステークホルダーとの関係性において私が重要視している考え方は以下の3つ。

> **1、彼らを「パートナー」として認識すること。そして、こちらから認識するだけではなく、先方からもそのように感じてもらえるようにすること。**
>
> **2、彼らの「成果」について認識し、行動すること。ステークホルダーごとに、彼ら自身が重要視しているKPIが違うケースがあるので、要注意である。**

> 3、新しい「チャレンジ」を受け入れる度量を持つこと。彼らは親しい採用担当者には色々と提案をしてきてくれる。可能な限りその提案を受け入れる度量を持つこと。

「パートナーと認識すること」については、当たり前と思われるかもしれないが、できていない担当者が非常に多いように思う。先日もある打ち合わせで「○○の人事の方は、口ばっかりで理想論は語るものの、対応は雑で僕らを単なる業者と思ってる節があるんですよね」という辛辣なコメントを聞いた。あくまで、自社の成果にコミットすることは大切だが、パートナーのモチベーションや心情に配慮した対応を意識することが本当に重要である。自社の情報のスピーディーかつ適量なインストールを欠かさないのはもちろんのこと、言葉遣い、レスポンススピードやその分量などでシビアに見定められていることを自覚したい。

また、「パートナーの成果を意識すること」についても同様である。パートナーは慈善事業として採用を手伝ってくれているわけではない、ある種ドライに言えば彼らも「ビジネス」としてお付き合いしてくださっているのだから、当然のごとく目標を追いかけているはずだ。迎合する訳ではないが、例えば月末で数字を追っている営業マンに、無理のない範囲で助け舟を出してあげることができれば、どうしてもこちらが困っている際に一肌脱いでくれるケースも少なくない。そんなヒューマンな関係を構築できると成果につながるだけではなく、良い人脈に繋がっていくケースもある。

最後に、「チャレンジを受け入れること」であるが、これは「新サービスの提案を受けること」や「募集要項にドンピシャではない候補者を面談すること」などが当てはまる。もちろんリソースの問題から全ての提案を受け入れることは難しいとは思うが、こういった提案を受け入れてくれる採用担当

者には、パートナーも愛着を持って接してくれるものである。

　もし、さらに踏み込むことができれば、「採用決定時などに担当者と労いの会を開く」ことや「関係者を招いてのクローズドな懇親会」などで、直接的な業務外の話もできるような個人的な関係を築くことができれば尚良い。オンとオフのコミュニケーションを繰り返していくことで、人間としての付き合いに進化することができる。

　上記について「当たり前だ」と思われる方も少なくないだろう。もし、あなたに勇気があれば懇意にしているパートナーに「自分や自社の対応で改善点があれば教えて欲しい」と聞いてみよう。その際に、他社の良い事例などを聞くことができれば一石二鳥で成長のチャンスが到来する。耳が痛い話をされるケースもあるだろうが、そういった対話の中で信頼関係とは構築されていくものである。そして、そうした信頼関係の中で「現在のリアルな人材マーケット情報の収集」や「有力な候補者の優先的な紹介」などに繋がっていくのである。

　実は上記に挙げた三項目は「人間としての付き合い」の中では当たり前のことではないだろうか。ぜひ、この機会に振り返って頂きたい。

## 3-4 一流の採用担当になるための成長ステップ

### 一流の採用担当が持っている要素

冒頭で、**採用という仕事は「事業の命運を握るだけのインパクトを起こすことができ、多くの人の人生に主体的に関わることができる、この世に存在する中で最も事業貢献度が高く、最も成長のチャンスが多い、最高の仕事の一つである」**とお話しさせて頂いた。本章では具体的にどういう要素を持っていると、上記のレベルで体現できるかをお話ししたい。

| 【4つの理解】 | | 【4つの力】 |
|:---:|:---:|:---:|
| 事業理解 | | 聴く力 |
| 社員理解 | ✕ | 語る力 |
| ビジネス理解 | | 健全な喧嘩力 |
| 自己理解 | | 構成力 |

### 事業理解と社員理解のために

自社の事業やプロダクトを知る事は言わずもがな重要であるし、自社の置かれているマーケットの現在や展望を知ることが重要だ。1つの基準としては、社内のセールス担当と同様に営業資料を流暢に説明できるレベルでありたい。そして、その全てを言語化し自身の言葉で語れるように編集する必要がある。

具体的には、私は入社当初に志願して営業の同行を 5 件行った。社内のトップセールスと言われる方に付いていき、実際の営業の現場を体験するのだ。訪問営業を 3 件、オンラインの営業を 2 件同行するうちに、トークの組み立てや重要な機能、そして何よりお客様がどんなベネフィットを自社の商品に求めているのかを知る事ができた。それだけではなく、言語化のために実際にセールス担当が受ける知識研修や営業研修にも同じカリキュラムで参加し、営業デビューするためのロープレテストを受けて合格した。

　実際にセールス担当として成果を上げるには、さらなる知識や経験が必要であることは重々承知であるが、ここまでやると会社や事業を自分の言葉で語る事ができるようになっていた。もし、同行などが難しいようであれば、実際に自社のセールス担当に自分に対して営業をしてもらうのも有効かと思う。

　また、事業部の会議に定期的に参加することも効果的だ。採用担当の通常業務をしていると、どうしても事業の現場から一定の距離が開いてしまうのは仕方のないことである。しかしながらリアルタイムの事業の進捗や目標をキャッチアップする事は社外の方とコミュニケーションする基礎でもある。そこで、各事業部の会議に参加するのだ。営業系の会議であれば、大型案件の受注の情報や目標の進捗などを知ることが出来るし、開発系の会議であれば重要な機能開発や場合によっては、どのような課題で顧客が困っているのかを生々しく知ることが出来るだろう。さらには、社員との定期的なコミュニケーションの場となり、そこから元気のない社員に気づくといった副次的な効果も期待できる。

　事業理解と同様に非常に重要なのは「社員を知る」ことである。ここについては詳細を解説したいと思う。

では、何人ぐらいの社員についてどの程度知る必要があるのだろうか。これには基準は無いが、役員、各部署の役職者や著しい成果を出しているメンバーについては、絶対に把握しておきたい。「**IJAIC（アイジェイク）**」のIntroduce や Coordinate において、より具体的にどのように紹介するか、誰と会ってもらうかを判断するためであり、候補者との共通点を見つけることができれば、面接フローにおいて非常に有力な面接官候補となるからだ。例えば、現在リクルートにお勤めの方に元リクルートの社員に会ってもらうことは Attract の効果が高いことは想像が容易であろう。

　私は、社員数 150 名のタイミングで入社したが、当時のグループリーダー職（メンバーのマネジメントを 1 名以上行っている）全員の 20 名程とランチないしは飲みをご一緒させて頂いた。90 分から 120 分の時間の中で、その人の経歴や人となりを自分にインストールするのである。基本的には 1 対 1 の場をセッティングさせて頂いた。

　その際に定型の質問として、実際に使っていたのは右記の表である。全員に絶対に聞きたい事項については、このように事前にまとめていくことをオススメする。私は「採用で成果を出すために、既存社員の方について知る必要性を感じていて、何名かの方にインタビューをさせて頂いている」と正直に伝え、事前に対象者に 4 つに分類した下記の質問リストをお送りした。

　事前回答は必須にせず、当日こういった事を聞きたいという意思表示をしておくということだ。これによってなんとなく盛り上がったが大切な事が聞けなかったという事態を防ぐ。やりすぎだと思われるかもしれないが、このような徹底した姿勢を見せることは採用のプロとして当たり前に必要だと思う。

> **「入社動機」**
> ・当社への入社動機と意思決定のストーリー
> ・他に選択肢として考えていた企業
> ・前職から転職しようと思ったきっかけ（可能であれば）
>
> **「業務内容とやりがい」**
> ・担当している業務の内容
> ・現在のミッションや目標など
> ・今の業務の魅力
>
> **「会社について」**
> ・当社の魅力
> ・当社の事業や組織の展望
> ・社風
>
> **「価値観」**
> ・人生で大切にしている価値観
> ・仕事で大切にしている価値観
> ・新しく入ってくる仲間に求めるもの

　これに加えて、フリーのディスカッションの中で「その方の人生そのもの」や「仕事上のエピソード」を可能な限り聞かせて頂く。可能であれば、失礼のない範囲で出身や学生時代にどんなことに熱中していたのかなども知りたい。業務上必要という側面もあるが、純粋にその方に興味があるから知りたいというのがもちろんある。そういった姿勢を見せれば多くの場合は、好意的に答えてくれるものである。

とはいえ、いくつかの注意点がある。
(1) 自己紹介も含め、自分から自分の人生や入社動機について簡単に話してからスタートすること。内容自体が自己開示が必要なものなので、まずは自分からさらけ出そう。
(2) 自然な会話の中で聞けるようにする。一つずつ質問をQ&Aのように潰していくと、インタビュイーは話しづらいものだ。私の場合は「入社動機」をまず聞いてしまい、そこからの話の派生は流れに任せていた。あまりにも脱線したら、元に戻せばいいだけだ。
(3) 終了後はお時間を取ってもらった御礼をしっかりするとともに、具体的に面談や面接をお願いするケースがある事をお伝えしておく。頂いた情報が採用力の強化につながっているのだとお伝えする意味も含まれるし、今後協力を仰ぎやすくなるという効果もある。

私の場合は、このプロセスによってエンジニアのマネジャーと関係性を築けた事が業務上特に有用であった。採用担当の中にはエンジニアとのコミュニケーションに課題を感じていらっしゃる方も多いが、相互理解のインタビューの場を作り、一人でいいからその部署にバックグラウンドを含めて気心の知れた仲間を作るのだ。それだけで色々な場面で力を貸してくれるようになるのでオススメである。

## ビジネス理解と自己理解

先ほど、入社に至らない候補者に本気でフィードバックしているとお伝えした。はっきり言って労力はかかるし、毎回真剣勝負である。薄っぺらいフィードバックをしようものなら、候補者の方に失礼であるし、聞きかじりの知識をひけらかす事は何よりダサすぎるではないか。そういった場面に必要とされるのが「ビジネス理解」と「自己理解」である。

ビジネス理解とは、自社の事業を理解するというだけではなく、自身が経営者や事業責任者などに近い形の知識や経験を得るという事を指している。業務の中で経験することが難しい側面もあるだろうが、少なくともそういった立場の方と会話がスムーズにできるレベルを目指すことが必要だろう。

　最低限の財務知識や事業知識すらなく候補者に対峙している採用担当者が非常に多いのだ。例えば、上場企業であれば、自社の中期経営計画や決算書をきちんと把握するのは当たり前であるし、未上場企業であってもPLやBSを読み解ける知識はビジネスマンの基礎の基礎として必要ではないだろうか。入門書なども多くある分野だけにぜひ学んでほしいと考えている。

　また、業界特有の知識というのもきちんと得なければならない。3年半前にITスタートアップに転職した際は、全く専門用語が分からなかった。そこから社員の方に書籍や有用なWebサイトを教えていただき、必死にキャッチアップした。学生時代より勉強した気えさする程度だ。しんどい経験だったが、あの時間があったからハイクラスの方と対峙した際にも臆することなく対等にコミュニケーションができているのだと自負している。

　「自己理解」とは、**「無知の知」**の前提に立った自身のメタ認知であり、そこからくる継続的かつ積極的な学びの必要性を指している。

　ギリシャの哲学者ソクラテスの言葉とされる「唯一の真の英知とは、自分が無知であることを知ることにある」という無知の知。私自身完全にできていないが、「分かった気になるのではなく、自分が分かっていない前提で生きる」態度を持てているか常に自戒をするようにしている。自分がどのように見られているのか、自分の発言がどのように伝わっているのか、そういったことに対して適切に「恐れ」を抱くためにも「無知の知」は必要な態度であるように思っている。誰かに偉そうにアドバイスをする前に、自らを省み

る事をしてみるだけで、成長の角度は上がっていくものであろう。

　さらには、その前提に立つ事で「学び」も加速していく。自身が知らない事は何も恥ずかしい事ではなく、積極的に学べばよいという前向きな諦めを得ることが出来るからだ。この考え方を知り、私自身非常に楽になった記憶がある。社外の人と会うと、全て知っている態度を取らねばと強がっていた時期がある事を白状したい。かなりカッコ悪かっただろうなと振り返ると顔から火が出そうである（笑）。継続的な学びをしている前提で、分からない事を分からないと言える素直さを一流の採用担当は持っているのである。

## 聴く力と語る力

　社外の方と数多く接触する採用担当は「聴く力」と「語る力」をどこまで向上出来るかが採用の成功において重要である。「聴く力」については、小手先のテクニックではなく、姿勢として身に付けるべきものであると感じている。採用活動とは、相手の人生の時間の一部に向き合うという事である。あまりに壮大なテーマであるが、先に述べた通りフィードバック前提で面談に臨む事で聴く力は圧倒的に鍛えることが出来る。手を挙げて先生に質問する前提で学校の授業を受けるイメージに近い。

　聴く力を本質的に理解するために、『1000人の患者を看取った医師が実践している 傾聴力』（著：大津秀一　大和書房）という本をオススメしたい。「聴く」とはどういう事なのかを学べる名著である。その上でさらに実践的にレベルアップしたいという事であれば、コーチングのメソッドなどを取り入れてもいいと思う。

　聴くポイントを一つ挙げるのであれば、**「One More 踏み込む」**ということが挙げられる。傾聴をした結果という前提だが、聴き切った後にそれで終

わるのではなく、通常は質問しづらい深さまで踏み込んでみるということだ。例えば、過去の職歴について「ぶっちゃけ、これは言いづらいなーという恥ずかしい失敗ってあります？」といった具合だ。傾聴によって、関係性が築けていれば聞けるはずである。

「語る力」は前段で言語化された、会社や事業については話せるようにする事だ。特に流暢に喋る事が苦手な方もいるかと思うが、そういう人にオススメしたいのは「キーワード」や「ストーリー」をいくつも準備しておく事だ。自社を表す言葉を用意しておく事で、うまく話が展開しない場合やImpactを与えたい局面で主導権を握る事ができる。私が実際に使っていた実例を挙げる。

「私は当社の社風を『サーカス』のようだなと感じています。みんなの目指すものが明確かつ共通で、一人一人がスペシャリストでありながら、ファミリーのような暖かさを感じる社風だなと」

「私たちは自分たちの事業を『プロジェクト』だと考えているんです。会社の拡大が目的となる事はなく、極端な話ですがプロジェクトの目的が達成されないのであれば、私たちの存在価値はないとさえ言えるかもしれません。だからこそあらゆるメンバーに挑戦するフィールドを提供できるんです」

「当社は平均年齢35歳の『大人ベンチャー』です。受容力の高い会社なので、大手ご出身の方や役者出身の者など、幅広いメンバーが活躍していますよ」

「手前味噌かつ言い過ぎかもしれませんが、当社の社長は、まるでスティーブ・ジョブズさんのようだなと感じる時があるんです。毎日同じタートルネックを着ているという訳ではないんですが、先見の明が半端じゃないなと。この人についていきたいと思わせるリーダーシップを感じています」

などである。こういったものを自身のメモ帳などに書き溜めていく事は、芸人の方のネタ帳のような個人の資産であり、必ず「話す力」の向上に繋がっていくだろう。

## 健全な喧嘩力ってなんだ？

　物騒なように聞こえるが、非常に重要なのがこの「健全な喧嘩力」である。分かりやすく喧嘩と表現しているが、言い換えれば事業サイドを尊重しつつも、必要なことと感じれば現場とバトルしてでも、協力を仰ぐ姿勢を指している。4つの理解（事業、社員、ビジネス、自己）を前提に意見をごり押しするのではなく、健全に議論をするのである。

　具体的には採用の局面において、事業サイドと足並みが揃わない場面などを想定してみよう。

　例えば事業責任者が採用後の配置や育成について、そこまでアテンションを張れていなかった事例がある。その際には、事業責任者に対して事実をベースにして粘り強く会話をさせてもらった。決して現場を責めるのではなく、一緒にやれることがないか探るスタンスだ。その際には厳しいフィードバックをしなければならない局面もある。そして、採用担当としての自省を含めながら、どのようにすれば仲間が安心して活躍できるかのプランを共に考えるのである。

　また、前述の通りROIの採用において待遇改善を経営と議論したことも、プロフェッショナルとして必要な「健全な喧嘩力」だと思う。感情ベースでの議論は必要なく、冷静にマーケットを把握し、過去の事例の分析をしっかりとした上で、「勝てる喧嘩」をするのである。少し高度ではあるが、喧

嘩が強い採用担当者は、負けていいポイントをうまく作っているように思う。全戦全勝が目的なのではないのだから、「月末の営業マンの面接アサイン数に制限をかける」や「カジュアル面談は人事が厳しくみる事で、現場の面接数を適切に保つ」などである。Give&Take の精神で、楽しく喧嘩をしていきたいものである。

最後になるが、私が「**飲み会幹事理論**」と呼んでいる考え方を紹介しよう。飲み会の幹事を担当している際にお店の選定や予算などに文句を言ったり、会の進行に非協力的な参加者がいる事がある。十中八九その人は「過去に飲み会の幹事を経験した事がない」参加者である。幹事がどれだけ大変で、どんな苦労の果てに飲み会当日に臨んでいるかが理解できないのだ。過去に幹事をやって大変なことを知っている参加者は、文句を言うのではなくスムーズな運営に協力してくれるし、改善点があった場合もその改善に協力してくれるものだ。

もし採用活動に否定的な社員がいた場合には、この理論を胸に喧嘩をしてほしい。もはや採用に巻き込む以外に彼らのアテンションを上げる方法が残されていない場面も多くあるということだ。巻き込み方には工夫がいるが、自分事としてもらえるように粘り強くコミュニケーションしていく事で、採用の主体者となってもらおう。

### 構成力とは採用担当の総合力

ここまで多くの事例とともに、採用担当として考えるべき事、身に付けるべき事を整理してきた。その総合力と言えるのが、「構成力」である。

構成力とは、「**選考フローを Candidate Experience と位置づけ、候補者にどのような記憶や印象を残すかを設計し実行する力**」である。

単なる Coordinate と何が違うのだろうか。詳しく見ていこう。

## CX（Candidate Experience）とは

急に見慣れない横文字が出てきて何のこっちゃというお気持ちになられた方もいるかもしれない。少し解説を加えることとしよう。

みなさんは、UX（ユーザーエクスペリエンス）という言葉は聞いたことがあるだろうか。「製品・サービスを使用する際の印象や体験」（『小学館デジタル大辞泉』より）などと定義され、「ユーザーがある製品やシステムを使ったときに得られる経験や満足など全体を指す用語」のことである。Webサービスやアプリなどを製作する際には特に意識が必要な視点と言われている。UX が良くないと、EC サイトに来たユーザーが購買に繋がらないなど直接的に事業に与えるインパクトが大きい項目である。UX はどのような流れでユーザーに影響を与えるのかというと

1、ユーザーと外部（対象物や環境）との対話や接触
2、ユーザーの内面で起こる心的プロセス
3、結果としてユーザーが得る記憶や印象

の三段階である。重要なことは、一定の対話が行なわれた後に、そのユーザー内に何らかの心的なプロセスが発生し、最終的な記憶や印象として定着するということである。

そんな UX を採用という場面に当てはめた考え方が CX（Candidate Experience）である。直訳すると「候補者体験」とでも言えるだろうか。要は自社が採用したいというターゲットの方に対して、「認知獲得」「接触（面

談や面接)」「内定出し」「承諾」「入社」の各段階において、「事業や人に共感できる」「この会社で働きたい」と思ってもらえるようなシナリオを描くということである。

俗にいう「採用が強い会社」というのはすべからくこの「Candidate Experience」をどのように設計するのか、そしてどのように運用するのかの意識が高いと言えるであろう。

## 良いCX（Candidate Experience）とは

さて、人事の役割を「CXの設計者兼プロデューサー」と定義した（次頁の図を参照）。では、どのようなCXを作っていけばよいのか？「IJAIC（アイジェイク）」に含まれる要素を満たしながらという前提に立つが、答えはシンプルな掛け算である。

**「自分自身が採用の候補者だった場合に体験したら嬉しいこと」×「その会社らしさ」**

ここに簡単に例を挙げよう。

【体験したら嬉しいこと　ex: 一次接触時】
- 事前にしっかりと自分のレジュメを読み込んでくれていて、自分の経歴や成果に興味を持って質問をしてくれる
- 自分が話したいなと思う内容について、しっかりと耳を傾けてくれる。アピールがしっかりと伝わった感じがするし、会話がキャッチボールになっている
- 面談者のみならず、社員の方とすれ違った時にみんな気持ちよく挨拶してくれる。待合で待っている時にも笑顔で声をかけてくれた

・面談終了時に、自分への評価をコメントしてくれて、もしジョインするとなった場合の現在想定される期待役割について触れてくれた

などなど。ここに自社の事業内容を絡めていくとよいのだ。

【会社らしさを意識したCX】
1、メーカーの場合：自社商品を体験してもらう
2、IT企業の場合：自社のプロダクトのデモを体験してもらう
3、サービス業の場合：実際の現場に足を運んでもらったり、顧客の声を聴いてもらう

　現在、私が所属する株式会社カケハシにおいても、自社らしさを意識したCXが設計されている。オープンでフラットな社風を大切にしており、スキルフィットのみならずカルチャーフィットの観点からより多様なメンバーとコミュニケーションして頂くCXとしている。候補者の職種に近いメンバーのみならず、他の職種のメンバーにも選考に加わってもらうのである。例えば、営業系の職種の面接にも当たり前のようにエンジニアやコーポレートのメンバーが選考官として参加するといった具合だ。

　選考スピード至上主義のような現在の風潮とは逆行する部分もあるかもしれないが、候補者の方からは、「より多くの方と話すことで、多面的に会社を理解することができた」と好評を頂いている。他方、このCXにも固執する事なく、常に最善のCXを設計すべく人事メンバーは常にアンテナを張っていることも追記しておく。
　また、どんな業種であっても「自社への愛を語る」というのはCXにおいてとても大切だと考えている。自分の会社や担当業務のことを楽しそうに、魅力的に語ってくれるというCXはなかなか小手先では上回ることが出来ないもの。そういう意味でも、面談者や面接官の選定は大切ということになる。

Impactを候補者に与える事ができる「Impacter」の存在は選考フローの設計にとって非常に重要である。

---

**CX（Candidate Experience）の一例**

認知獲得（企業、求人）
↓
正確なオペレーションに基づいた一次接触（電話、mail etc.）
-採用アシスタントとの連携なども必須
↓
ハートフルかつユニークな二次接触（カジュアル面談、面接 etc.）
-HRT※1を意識したコミュニケーション
-会社らしさが出るような設計
↓
ドラマティックな内定出し
↓
候補者に寄り添った結果の内定承諾
↓
運命の入社

※1 HRTとは謙虚（Humility）、尊敬（Respect）、信頼（Trust）の頭文字を取ったもので、優れたエンジニアが持ち得る価値観と言われるものだが、CXにおいても大切な考え方である

---

## 内定出しはドラマチックに

選考フローの中で採用担当が最も意識すべきはここである。内定出しはいわば「告白」であるからだ。新卒採用においても中途採用においても、ハイレイヤーの採用においても最重要といっても過言ではない。

全てのCXはこの瞬間のためにやってきたのである。できるだけ内定を出すというプロセスはドラマチックに行うことを意識したい。といっても、花束を用意しておくとか、従業員が全員待っている、みたいなことを毎回するのは大変である。そこで、簡単にできて私がおススメするのは、

## 「リクルーター自身が、自分の事のように候補者の方の内定について喜ぶ！！」

というもの。なんだそりゃと思うだろうか。小手先でやるとかなりの確率で白けた印象になってしまう。本当の意味で初回接触から、候補者に寄り添いながら、時には手厳しいフィードバックを含めて実施し、候補者が面接を受けている最中や結果を聞くときには一緒にドキドキするという過去があって、初めて「内定」という瞬間を彩ることが出来るのである。

今まで一緒に伴走してくれた担当者が喜んでくれたら、こんなに嬉しいことはないじゃないか。その場で承諾とはならないかもしれないけれど、候補者の方に強く印象付けることのできるシーンとなるはずである。

自分の20代の頃の経験だが、業界未経験の方と初回面談をして、高い志望度を持ってくれているが、実力的に次回の選考を受けるには至らないレベルであるという候補者と相対した時がある。

その時彼に「今の実績や能力では正直、当社だと選考に進めることは難しい」とフィードバックした。すると彼は「分かりました。半年間で営業MVPを取ってきます。その時にもう一度受けさせてください」と言ってきたのである。

正直、半信半疑だったが、彼はやってのけたのである。MVPは残念ながら取れなかったものの、100人を超える営業マンの中で2位の成績を残して面接の場に戻ってきてくれたのだ。その後も実力的には未熟な部分がありながらも、一緒に面接を突破し、内定となった際には正直涙が出たし、その後彼は大きな活躍をして若手の中心メンバーとなってくれている。ここまで伴走させてもらえて、本当に人事冥利に尽きるなと思ったエピソードである。

一例を挙げるにとどめたが、このように何か突飛なことをするのがCXではなく、当たり前のことを当たり前に、かつそこに自社らしさを掛け合わせたCXを是非設計してもらいたいと考えている。

## 一流の採用担当になるための10のチェックリスト

□ 1、採用を最高の仕事だと考えられるマインドセットを持ち得ているか

□ 2、採用ポリシーを策定し、自社の採用の成功を定義できているか

□ 3、KPI採用とROI採用の違いを認識し、場面によって使い分けられているか

□ 4、「IJAIC（アイジェイク）」を意識し、特に「Impact」に注意を向けられているか

□ 5、ステークホルダーをパートナーとして強力な味方にできているか

□ 6、「4つの理解」と「4つの力」を認識し、常に高める努力をしているか

□ 7、4つの理解の中で、特に「社員理解」を徹底できているか

□ 8、自社らしい「CX（Candidate Experience）」を設計できているか

□ 9、CXの中でもドラマティックな内定出しにこだわることができているか

□ 10、上記の項目を共に語り合い、切磋琢磨できる仲間がいるか

【目安】
チェックを入れた数が、
　1〜3の方は、レベル1
　4〜7の方は、レベル2
　8〜10の方は、レベル3

## コラム② 日本の生産性はアメリカより低い!?
# 生産性

経済産業省 経済産業政策局
産業人材政策室　課長補佐
堀　達也

　政府が推進する「働き方改革」について、単なる長時間労働を是正するための労働時間規制だと捉えられることがある。しかし、働き方改革を推進する厚生労働省のホームページによれば、それだけではない意味合いが込められていることがわかる。

> ー我が国は、「少子高齢化に伴う生産年齢人口の減少」「育児や介護との両立など、働く人のニーズの多様化」などの状況に直面しています。
> ーこうした中、**投資やイノベーションによる生産性向上**とともに、**就業機会の拡大や意欲・能力を存分に発揮できる環境を作ること**が重要な課題となっています。
> ー「働き方改革」は、この課題の解決のため、働く方の置かれた個々の事情に応じ、多様な働き方を選択できる社会を実現し、働く方一人ひとりがより良い将来の展望を持てるようにすることを目指しています。

　しかし、ここで掲げられている「生産性」とは、そもそも何を指すのであろうか。このコラムでは、多種多様な生産性の定義を確認した上で、我が国の「生産性」、特に労働生産性がどういった状況にあるのかを確認してみたい。

### （1）生産性とは

　公益財団法人日本生産性本部では、「生産性とは、生産諸要素の有効利用の度合いである」と定義している。つまり、何かを生産するためには、①製

品の原材料・エネルギーなど、②土地・建物、機械等（資本）、③生産活動に従事する従業員（労働）が必要となるが、これらの生産要素1単位あたりで、どれくらいの産出量を生み出すことができるかを表したのが「生産性」である。少ない生産要素で多くの産出量を生み出すことができれば効率的に生産したと考えられ、生産性は「生産の効率性」を指すと考えることができる。

**生産性（Productivity） ＝ 産出量（Output）／投入量（Input）**

生産性は、産出量の捉え方やどの生産要素に着目するかにより、様々な定義が存在する。

（ⅰ）産出量のとらえ方

産出量のとらえ方には、大きく分けて、①生産量で捉える考え方（物的生産性）、②付加価値で捉える考え方（付加価値生産性）がある。①生産量で捉える考え方は単純に生産量をそのまま産出量とみなす方法であるのに対して、②付加価値で捉える考え方は生産量から原材料等の生産要素を差し引いた分を産出量とみなす方法という違いがある。

すなわち、一杯1,000円のラーメンを作るために300円の原材料費がかかったとすると、①の考え方では産出量は1,000円、②の考え方では700円（1,000円－300円）となる。

（ⅱ）生産要素のとらえ方

生産要素には、先に挙げたように「原材料」「資本」「労働」の3種類がある。

> （A）原材料1単位あたりの産出量：企業会計でいわゆる「営業利益率」にあたる概念である。なお、物的生産性を計測する際は考慮する必要があるが、付加価値生産性を計測する際にはそもそも産出量から原材料が差し引かれることから、考慮する必要が無い。先ほどのラーメンの例でいえば、物的生産性は1,000円÷300円＝3.3円と求めることができる。

（B）資本1単位あたりの産出量：「資本生産性」である。土地や機械設備1単位当たりの生産量を指すため、資本集約的な重厚長大型の製造業などで高い傾向にある。先ほどの例で、一杯1,000円のラーメンを作るために、製麺機やテナント料などでおよそ100万円を投資して、年間で1万杯販売したとすれば、付加価値資本生産性は（700円×1万杯）÷100万円＝7円と求めることができる。

（C）労働1単位あたりの産出量：「労働生産性」である。ここでいう労働投入量は、①労働者の数、②労働時間（マンアワー）の2種類に分けることが可能である。人間一人一人が高い付加価値を生み出すような仕事、例えば知識集約的な情報サービス産業などで高い傾向にある。先ほどの例で、一杯1,000円のラーメンを作るために、店員が2人で2時間ずつ働くとすると、付加価値労働生産性はそれぞれ、① 700円÷2人＝350円／人、② 700円÷（2人×2時間）＝175円／時間、と求めることができる。

（D）全生産要素あたりの産出量：「全要素生産性（Total Factor Productivity、略してＴＦＰ）」である。全生産要素の集計量に対して産出量がどの程度かを表す概念であるが、資本や労働を集計することはできないため、直接測定することはできない。そのため、一般的に「成長率」で見ることが多く、「付加価値成長率」から「資本生産性成長率」と「労働生産性成長率」を差し引いた残差[1]として定義される。この「ＴＦＰ成長率」の改善が意味するのは、資本や労働以外の要素によって実現される「生産性向上」である。例えば、技術進歩、ブランド戦略、従業員の能力向上などが考えられる。つまり、先ほどの例でいえば、製麺機の改良や店員の技術向上により倍速でラーメンを作れるようになったり、雑誌でラーメンの名店と紹介されたことで売上が向上したり、そういったケースにおいてはＴＦＰの改善がみられると考えられよう。

(ⅲ）生産性を図る対象

　このように、一口に「生産性」といっても、定義によって様々なとらえ方が考えられる。その上、更に注意すべきなのは、「何の生産性をみるか」によっても定義が異なってくる。一国の経済全体から個人に至るまで、様々な単位で生産性を考えることができるからである（ここでは労働生産性について見てみる）。

　（A）一国全体の生産性：この場合、産出量として使われるのは「ＧＤＰ（一国が生み出した付加価値総額）」、労働投入量として使われるのは「総労働時間」（あるいは総労働者数）である。いずれも内閣府「国民経済計算」で入手することが可能であり、業種毎の分析なども可能である。
　一国全体の産業構造の相違・変化[2]などの影響も受けるが、政策立案の現場などで、国際比較や業種毎の水準・変化などを把握しようとする場合に使用することが多い。

　（B）企業の生産性：この場合、産出量として代表的に使われるのは、「付加価値額（営業利益＋減価償却費＋人件費）」、労働投入量として使われるのは「従業員数」である。統計データとしては財務省「法人企業統計調査」で入手することが可能だが、各企業の効率性を把握するために使われることが想定される。
　ただし、水準比較に当たっては、業種特性（資本集約型／労働集約型／知識集約型）に留意する必要があり、同様の業種と比較するなどの配慮が必要である。

　（C）個人の生産性：この場合、一国経済や企業の場合と異なり、様々な考え方がある。一般的な考え方として、「賃金」が個人の生産性を反映しているというとらえ方がある。すなわち、労働者はその生産性に応

じた賃金を報酬として受け取っているとする考え方である。
　しかしながら、我が国ではいわゆる「日本型雇用システム」を代表する仕組みである年功賃金が一般的であることから、必ずしも賃金＝生産性と捉えられない可能性もある。近年では、人間の生産性の一要因となる「集中力」を、まぶたの動きや身体の傾き等をセンサーで直接計測することによって把握するデバイスが開発されているが、これもまた、「生産性」をとらえる一つの手法と考えられるだろう。

以上見てきたように、生産性の定義はとらえ方によって多種多様であるが、一般的によく使われるのは「付加価値労働生産性（マンアワーベース）」「ＴＦＰ」の２種類である[3]。「ＴＦＰ」は捉えにくい概念であることから、これより先で使う「生産性」は、特に断りが無ければ「付加価値労働生産性（マンアワー）」を使うこととしたい。

## （２）日本の生産性　－歴史的推移・諸外国との比較－

　それでは、日本経済の生産性はどのような現状なのだろうか。ここから先は、（ⅰ）歴史的推移、（ⅱ）諸外国との比較の双方の観点から、我が国の生産性の動向を見てみよう。

（ⅰ）歴史的な推移
　まずは、労働生産性の歴史的な推移を見てみよう。

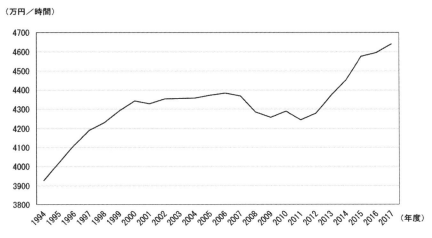

(出所) 内閣府「国民経済計算」より筆者作成

　我が国の名目労働生産性は、1995～2017年までの約20年の間、実は増加傾向を維持してきた。リーマンショック後の2007～2011年頃までは低下がみられるが、それ以外の期間は殆ど前年比で増加していることがわかる。

　1990年代～2010年代にかけて、いわゆる「失われた20年」とされる期間の間、経済成長率と労働生産性の関係はどのように見て取れるだろうか。「実質経済成長率」は、「実質労働生産性上昇率」と「労働者数増加率」と「労働時間増加率」に分解できるので、それぞれの推移を見てみよう。

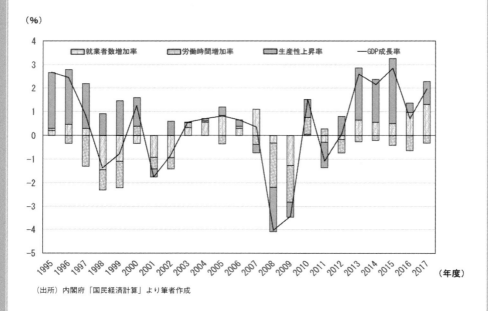

**GDP成長率の要因分解**

(出所）内閣府「国民経済計算」より筆者作成

　すると、パートタイム労働者比率の増加や少子高齢化の進展なども踏まえて、労働時間や就業者数が減少に転じているケースが散見されるのに対して、労働生産性の伸び率が経済成長を下支えしていることがわかる。

　今後は、少子高齢化がますます進んでいく中、女性・高齢者・外国人などの労働参加が促されたとしても労働者数の減少を食い止めることは難しい。また、働き方改革を進めていく中で、労働時間の減少も避けられない。こうした中で、労働生産性の向上がいかに重要かがわかるであろう。

（ii）諸外国との比較

　それでは、次に諸外国と比べた時の我が国の労働生産性の水準はどの程度であろうか。国単位の労働生産性を見る場合、一般的に使われるのは「一人当たりGDP」である。

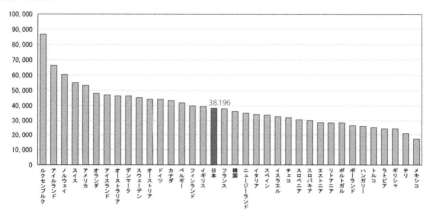

一人当たりGDPの国際比較（2017年、OECD加盟36カ国）

（出所）OECD Stat より筆者作成

　上図を見ると、特に先進諸国と比べると我が国の労働生産性は中程度であり、先進国の中では比較的低位に位置していることがわかる。これはOECD諸国平均（38,953＄）よりも下回っている。

　その原因としては何が考えられるのであろうか。

　例えば業種別に見てみるために、日米の業種別労働生産性を比較してみよう。

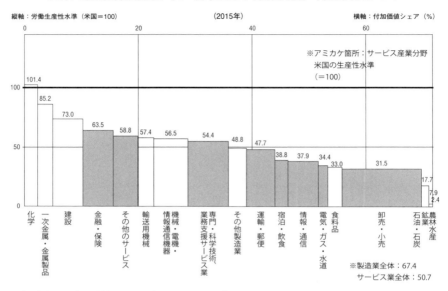

(出所)滝澤美帆(2018)「産業別労働生産性水準の国際比較」『生産性レポート(vol.7)』日本生産性本部 図1を引用。

　上図を見ると、我が国がこれまで強みとしてきた製造業では依然として優位性がある業種も存在するが、非製造業、特にサービス業や卸・小売業などの業種については、相対的に低水準であった。

　ここで読者の方の中には、いわゆる「おもてなし」に代表される高いサービス品質を加味すると結果が異なるのではないか、とお考えの方もいらっしゃるかもしれない。しかし、次頁の図で示すとおり、サービス業において、そうした高いサービス品質を調整しても、なお米国の水準には及ばないというのが現実である。

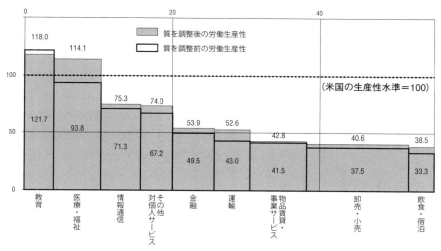

(出所)深尾京司・池内健太・滝澤美帆(2018)「質を調整した日米サービス業の労働生産性水準比較」『生産性レポート(vol.6)』日本生産性本部 図3を引用。

　サービス業の生産性の水準が低いかどうかは、計測や調整方法などに関する様々な意見があり、一概には言えない。しかし、これから我が国の生産性を更に高めていくためには、例えばサービス業の生産性をいかに高めていくか、が一つの重要なポイントとなることがわかる。

　これまで生産性について、様々なとらえ方を見つつ、我が国の生産性の動向について概観した。「生産性」という言葉は、よく使われる言葉であるが、どの主体のどういう性質を捉えたものであるのかをよく見極める必要があるのではないか。

【コラム② 注】
(1) ＴＦＰには様々な要因が内包されており、算出上は残差で捉えられる概念であることから、計測誤差が生じやすい概念である。そのため、長期間（5～10年程度）の平均値を取ることによって、時代毎の趨勢を把握するようにして使われるのが一般的である。

(2) 一般に、資本集約的な製造業のシェアが大きい場合は労働生産性が高いが、サービス経済化が進展し、サービス業などの第三次産業のシェアが大きくなった場合は労働生産性が低下する傾向がある。

(3) なお、労働生産性は、「資本装備率（資本ストック／労働投入量）×資本生産性（付加価値／資本ストック）」と分解することができる。「資本装備率」は、一人当たりの資本投入量を指しており、高ければ資本集約的、低ければ労働集約的と判断することができる。

第 **4** 章

# 組織開発論から 経営を支える

One HR 共同代表
**西村英丈**

## 15秒サマリー　文：北野唯我

### ＜何が書いてあるか？＞

　この章では「組織開発」に関する、基礎的な外観を理解することができます。ここでは、組織開発の目的を「個々人が組織のフィロソフィーを自分の言葉で語り、自社のサービスを語っている状態をつくること」としています。「組織開発は、何からすればいいのか？」と悩む読者はまず、3Pと呼ばれるフレームを使うことを推奨しています。3Pとは、Profession（職務）、Performance（評価）、Philosophy（理念）の頭文字であり、組織開発はこの3つを設計し、運用することだと定義しています。

　その中でもまず重要なのはProfession（職務）です。たとえばマルチカントリーの会社では「職務レベル」をグローバル共通で定義することが必要です。職務レベルとは、その職務の難易度を数字で表したもので、これによって、たとえば「グローバル本社の部長の仕事＝アジアの子会社の社長の仕事と同じ難しさである」と判断することができます。これによって人事は、Aさんにどの仕事を任せてよいかどうか、Aさんの次のキャリアステップを推測することができます。

　人事にとって「組織開発の技術」は武器です。この章では、とくに、重要なのは「どの事業フェーズ、どれくらいの人数で、どんな組織的な問題が発生するか」を理解し、経営に事前に共有することだと語ります。バックキャスト型人事と呼ばれるものです。

### ＜どういう人にオススメか？＞

　このパートは上級者向けです。主に以下の読者に特にオススメします。

・経営者→事業が多国籍化し、1国の人事制度では対応が難しくなったフェーズにある経営者
・人事→採用・育成・労務担当など、全ての人事業務を「横串で」戦略を立てたい方

## 目的別!このページを見よ!

4 - 1 「組織は戦略に従う」のか、それとも「戦略は組織に従う」のか?
→ 142 ページ

4 - 2 組織開発の 3P マネジメント
→ 145 ページ

4 - 3 人事部の人事組織開発
→ 155 ページ

4 - 4 組織開発のトレンド
→ 162 ページ

4 - 5 提言:これからの組織開発
→ 165 ページ

## 4-1 「組織は戦略に従う」のか、それとも「戦略は組織に従う」のか？

　組織や人事に関する経営との会話において、こんな問いに直面したことはないだろうか。

「社員のエンゲージメントを高めるにはどうしたらよいのか？」

　その問いに対して答えを導いてくれるのが"組織開発"である。

　では、組織開発のゴールはどこにあるのだろうか？

　結論をいうと、「個々人が得々と組織のPhilosophy（理念）を自分の言葉で語り、そのPhilosophy（理念）に基づき、自社のサービスを創っている状態を創り出すこと」である。
　事業内容や財務的なことのみであれば、外部のコンサルタントなどでも論じることができるが、それらをフィロソフィー込みで語れる状態というのは、「組織」と「個人」が融合している状態であり、まさに、組織開発が行われ、エンゲージメントが高まっていることを意味する。

　それが整えば、組織に自分自身が存在する必然性が出てくるのである。そして、その必然性のもと、個人がその組織に対して、他には代替できない価値を提供していければ、個人も幸せになり、組織もそして、社会ももっと良くなっていくだろう。

　即ち、組織開発（Organization Development）とは、「組織」と「個人」

で最高のパフォーマンスを発揮する仕組みづくりと言えるのである。

　では、人材開発（Human Resource Development）との違いについてはどうであろうか。
　人材開発の対象が「人」であるのに対し、組織開発の対象は人と人、組織と人との「関係性」や「相互作用」であり、組織に内在するエネルギーや主体性を引き出す機能開発である。
　その「関係性」の変化や「相互作用」が、組織を変化させていくのである。

　では、組織開発に対して、同じ組織を扱う言葉として、組織設計（Organizational Design）というものがあるが、その違いはどうだろうか。組織設計は最適な"組織構造"を作るための分業の意思決定の構造を設計することを意味するものである。

　ここで下記の二つの考え方を紹介しよう。

　一つ目は、1963年にアルフレッド・D・チャンドラー Jr が提唱した「組織は戦略に従う」という考え方。
　そして、二つ目は、1979年にイゴール・アンゾフが提唱した「戦略は組織に従う」という考え方である。

　チャンドラーのいう「組織」とは「組織構造（Organizational Structure）」を意味し、アンゾフのいう「組織」とは「組織能力（Organizational Capability）」を意味していた。

　その隠された意味を当てはめて、もう一度、読み解くと、

「組織構造は、戦略に従い、戦略は、組織能力に従う」

ということを二人は示唆しているのである。
　つまり、組織能力が戦略を創り出し、その戦略に沿って組織構造が形作られるのである。

　組織開発のゴールを踏まえて、組織開発の持つ意味を改めて整理してみると、こうなる。
　・事業戦略に合わせて部門をつくり
　・その部門にどういった職務権限をつけるかを検討し
　・ハード面（給与など）の制度設計を行い
　・フィロソフィーに基づいて、社内の縦、横、社内外でコミュニケーションが行われる

これら4つを機能として動かすことなのである。

## 4-2 組織開発の3Pマネジメント

では、どのようにして、組織開発をしていくのだろうか？

具体的に、組織開発の3P（Profession、Performance、Philosophy）で整理してみていきたい。

4-1で「組織能力が戦略を創り出し、その戦略に沿って組織構造を形作る」ことが組織開発の一連の作業であると説明したが、既存組織に対して組織開発を行うステップとしては、逆の流れに沿って説明していきたい。

### ステップ1- Profession（職務）の価値付け

まず、組織構造を捉えるためには、組織に点在するProfession（職務）を責務の大きさにより価値付けをし、統一した基準のもと、把握することが必要になる。

把握するための代表的なツールがマーサー社が提供するInternational Position Evaluation（IPE）と呼ばれるもので、職務評価という手法である。

仕事の価値をその仕事の持つ10個の要因で数値化していき、その一つ一つの仕事の価値を社内外の仕事の価値とも比較できるようにする。結果、その組織構造の客観性が担保されるとともに、その組織が持つ適正サイズがどうであるかなど、組織への分析アプローチが可能になる。グローバル経営において、国や地域を問わず統一の基準によって価値付けをすることはグローバル人事制度統一の基盤作業ともなるのである。

## Position Class(PC)

一般的な組織図　　　　　IPEを用いた組織図

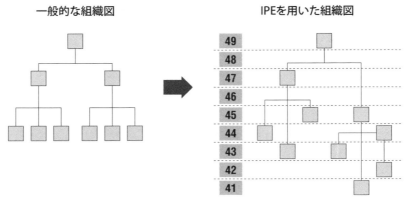

(出典:マーサー)

## IPE システムの構成要素

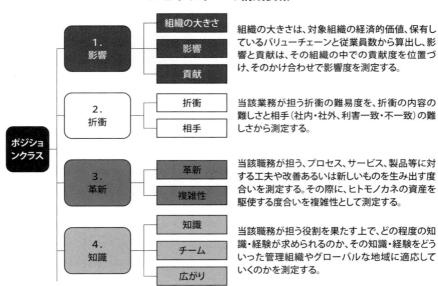

組織の大きさは、対象組織の経済的価値、保有しているバリューチェーンと従業員数から算出し、影響と貢献は、その組織の中での貢献度を位置づけ、そのかけ合わせで影響度を測定する。

当該業務が担う折衝の難易度を、折衝の内容の難しさと相手(社内・社外、利害一致・不一致)の難しさから測定する。

当該職務が担う、プロセス、サービス、製品等に対する工夫や改善あるいは新しいものを生み出す度合いを測定する。その際に、ヒトモノカネの資産を駆使する度合いを複雑性として測定する。

当該職務が担う役割を果たす上で、どの程度の知識・経験が求められるのか、その知識・経験をどういった管理組織やグローバルな地域に適応していくのかを測定する。

(出典:マーサー)

IPE（international position evaluation）は、10 の視点から役割の大きさ（Position Class）を算出するマーサー社の職務評価手法である。
　組織の規模や業界、職種や肩書き・年齢にかかわらず、あらゆるポジションに 1 つのシステムで適用できる統一的なシステムである。
　IPE 評価結果に基づき、役割の大きさに基づいたポジションの序列を可視化することができ、国境を跨いだ人材活用検討の基盤となりえる。

　例えば、イタリアにある 100 人規模のグループ会社社長と、日本で 10 人規模の部下を持つグローバル戦略を担う部長では、職務の責務の大きさから後者が高い仕事の価値付けとなるなどだ。社長ということだけで職務の価値付けが常に高くなるというわけではないのだ。統一の基準を設けることで人材の配置転換がしやすくなるのである。

・**事業計画と同等の意味を持つ後継者育成計画**

　ある Profession（職務）で一定の成果をあげていれば、その Profession（職務）が持つ数値化情報（マーサー社ではその数値情報をポジションクラスと呼ぶ。以下、ポジションクラスと呼ぶ）の 1 つ上のポジションクラスの仕事へと任用していくのである。

　このように全ての Profession（職務）に対して、キャリアの道筋を用意していくことで計画を立て、後任者計画として管理していける。このプロセスは、人が戦略を創り出す上で事業計画そのものであるが、とかく忘れがちである。

・マーケットに対して競争力を持つ報酬制度の設計

　また、新たに人材を任用したいポジションに対して社内にその人材が不足している場合には、そのProfession（職務）のポジションクラスに基づき、それぞれの国・地域におけるマーケット競争力を持つ、報酬を明示し、人材を採用していくことが必要である。職務が共通の尺度で価値付けされた数値化情報を持てていれば、このようにして、客観的に外部競争力を保つことができるのである。

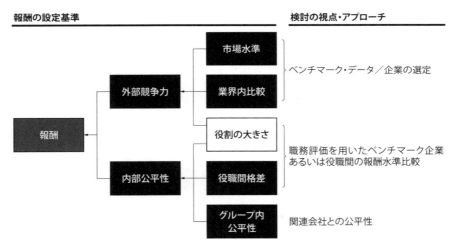

（出典：マーサー）

・精緻なる相対評価調整

　後継者育成計画や外部市場に対して競争力のある報酬制度設計を築き上げ

たとしても、そのアプローチを誤れば、社員との信頼関係が崩れるばかりではなく、一気に人事機能全体の価値を台無しにしうるのが、"評価調整"と呼ばれるものである。

　評価調整とは、その年度の賞与や昇降格を決める際、個々人の評価を正規分布に従い、例えば、上位評価20％、中位評価60％、下位評価20％といったように、各現場から上がってきた評価結果を部門間で相対的に評価し、その正規分布に基づき調整をしていく作業である。現場からあがってきた評価が相対評価調整の結果、評価が変わるということは多々あるケースである。ここで注意しなくてはならないのは、ただの処遇決定のための相対評価調整で終わらせることなく、その相対評価調整の結果を透明性をもって、説明し、成長につなげていけるだけの仕組みとできるかが要である。よく、人事部はここの作業をブラックボックス化し、結局、相対評価調整のプロセスを説明することなく、期末に最終評価結果の通知のみをするというのが起こりがちである。相対評価調整を経て、現場での評価が下がったケースにおいて、直属の上司は、人事部門を悪者にし、そして人事部門は現場にその説明責任をなげ、結局のところ、不透明なまま、誰も釈然とせず、その年度評価レビューを終えてしまうのである。

　本来、個人、組織の成長につなげたものにするための手段としての評価調整のはずが、評価調整をすることが目的化してしまっているのである。社員からするといくら頑張っても、結局のところ、最後がブラックボックスであると、個々人のモチベーションダウンは甚だしいのが実情である。そうして、人事部の信頼低下が起こってしまうのだ。

　例えば、人事部の採用担当者を評価する際に、育成や制度設計などを担当する人事部内の他のスタッフとともに相対的に評価調整されていないだろうか。よしんば、採用担当という同じ職務社員を集めてひとつのユニットでグ

ローバルに相対的に評価をしていたとしても、採用担当といっても、国内事業展開レベルでの採用担当者なのか、あるいは、グローバル事業展開レベルでの採用担当者なのか、それぞれの責務の大きさが異なり、異なるポジションクラスで相対評価をしても、仕事の難易度が異なるため、フェアではない。

ステップ2で言及するが、同じ部門内での相対的な評価はあまり意味をなさず、部門単位で相対的に評価され、その部門評価を部門メンバーは一律に受けるといった方法をとることのほうが機能型の組織においては、組織能力が上がるのだ。

つまり、それぞれのProfession（職務）は責務の大きさによってレベルは異なるのであり、共通の職務評価ツールで導き出されたポジションクラスが持つ期待値を前提に自社、そして外部組織の視点も加えた上で並べ、横串をさした状態での相対的な評価調整こそが、評価の透明性を担保し、個人の納得性を高め、個人の成長意欲を飛躍的に高め、組織能力が高まっていくのである。

メルカリでは、この従来の相対的な評価調整という作業から脱却し、さらに踏み込み、より納得性の高い仕組みとしている。決められた原資を相対的に評価した結果に基づき分配する旧来の方法を根本から見直し、絶対評価で原資を変動させ、評価の納得性を担保するとともに、個人・組織、双方の成長ありきの評価手法を以ってして、事業をさらに成長させようとしているのである。これは経営が人事施策に対してもコミットしているいい例であると考える。

## ステップ2- Performance マネジメント

パフォーマンスマネジメントは1970年代に米国のコンサルタント、オー

ブリー・C・ダニエルズ氏を中心に「メンバーが行動を結果に結びつけるための人材マネジメント手法」として紹介されたのが始まりであるが、ここ最近、ノーレイティング（No rating）という言葉とともに注目を浴びている。

ノーレイティング（No rating）とは、従来のMBO（目標管理制度）で行われていた年度単位の評価、たとえば社員をS、A、B、C、Dなどにランク付けし、それを期末にフィードバックする行為を廃止し、期中でタイムリーに目標とそのプロセスを確認し、コーチングを行い、「組織」と「個人」の目標達成を連動させていく手法である。

つまり、No Rating といっても、Rating（価値付け）を一切しないというわけではなく、相対的な従来の手法による期末評価の一方的な価値付けはやめようという話なのである。

・Management by Belief（MBB）

組織開発上、パフォーマンスマネジメントを捉えた時に、従来の"評価"という言葉そのものが、評価する、されるの関係になっているのに対して、ここでは、共にパフォーマンスを確認しあうという双方向の意味で捉えてほしい。

そのため、名称も評価（review、feedback）ではなく、価値交換（share value）という言葉に変えるくらいでいいのである。

極端な言い方かもしれないが旧来の減点主義的な Management by Objective（目標管理制度）から、「組織」と「個人」の存在目的が融合し、その存在目的を軸とする Management by Belief としての考え方にシフトする必要がある。MBBの具体的な要件は、以下の3点である。

　　ⅰ．1人の上司による評価から、360度評価へのシフト
　　ⅱ．個人のパフォーマンス評価から、チームパフォーマンス評価へのシフ

ト
　ⅲ．対前年、対計画の過去のパフォーマンス評価から、対未来に向けた個人のミッションやビジョンへの到達度を図る貢献度評価へのシフト

**・高信頼性組織**

　1980年代に米国で生まれた高信頼性組織（High Reliability Organization）の考え方は、失敗が許されない状況において、誰が失敗したかの追求をしない高い信頼関係があると、逆に失敗が起こらないのである。なぜなら、「組織」と「個人」の存在目的が融合し、信頼があれば、コミュニティは自走するのだ。失敗が起きた時には「誰が」ではなく、「何が」起きたのかを検証するのだ。

　従来のMBOにより、期末の評価を心配するのではなくて、心配の「パ」を「ラ」に置き換え信頼をベースにした、まさに"パ""ラ"ダイムシフトをしたMBBを実践していく必要がある。

## ステップ3- Philosophy（理念）を根付かせる

「組織」と「個人」がPhilosophy（理念）に沿って、「自走」するためのプロセスとして、「組織」と「個人」、「個人」と「個人」の信頼関係が、その組織のPhilosophy（理念）によって構築されている状態を作り出していく必要がある。

　ステップ2までについては、正直、外部有識者の力を借り、進めることができるのも事実である。しかしながら、このステップ3こそは、自社に人事部を掲げる本質的な価値であり、人事部の腕の見せ所である。自社の掲げる理念に沿って、組織・個人が存在目的を理解し、お互いの文化・価値観を共有することでPhilosophy（理念）を浸透させることに尽きる。

Philosophy（理念）浸透のプロセスについては、理解、共感、実践の３つのステージに分かれるが、最後の実践されている状態まで到達しないことには意味がないのである。ステップ１、２のように外部有識者を入れることで達成できるといった類のものではないのだ。

　トヨタウェイに代表されるようにあらゆる組織においてはPhilosophy（理念）が明文化されており、その浸透手段としては、ポスター掲示をしたり、ワークショップ形式で個々人がPhilosophy（理念）に沿った行動を振り返り、それを共有し合うことで自社のPhilosophy（理念）をメンバー間で確認しあうとともに、その実践の仕方について学びあうものであったり、経営トップ自らが自らの体験談をPhilosophy（理念）を交えて語ることで、「個人」、「組織」に根付かせていくなど、やり方は様々である。ここについては、先ほど列挙した代表的なやり方を示す程度に留めておきたい。

　ここで大切なのは、理念を浸透させるための手段の実行を目的化せず、この章の冒頭で記したように、組織開発とは、「組織」と「個人」で最高のパフォーマンスを発揮する仕組みづくりであり、そのゴールは、個々人が得々と組織のPhilosophy（理念）を自分の言葉で語り、そのPhilosophy（理念）に基づき、自社のサービスを創っている状態を創り出すということである。そのゴールを常に念頭に起き、ステップ１、２の取り組みと連鎖させて、エンゲージメントが高まる状態にもっていかなくてはならない。

　このステップ３の"Philosophy（理念）を根付かせる"ということを組織開発の一連に含めてやるかやらないかで圧倒的に「組織」と「個人」の相乗効果という点で激しい差が生じるのである。

　花王ウェイは、Philosophy（理念）浸透のツールを準備し、それぞれ

の組織長の裁量でそのツール用いて、浸透施策を展開している。まさにPhilosophy（理念）が組織に根付き、自走している状態であり、現場、現場の裁量でPhilosophy（理念）の確認が必要になったタイミングで自発的に行われているのである。

　これまでの話を整理すると、組織にある個々人のProfession（職務）を共通の尺度で価値付けし、存在目的を軸にしたPerformanceマネジメントを以って、信頼性を担保し、自社にPhilosophy（理念）を根付かせ自走する組織を開発する一連の３Ｐをマネジメントせずして、組織開発はなされないのである。

## 4-3　人事部の人事組織開発

　これらの組織開発の一連のステップを進める上で旧来型の人事部の再編成が必要である。
　組織開発をする上での人事組織体制を3つのレベルに分け、見ていきたい。

　ファンクション型人事部▷一気通貫型人事部▷バックキャスト型人事部

- **ファンクション型人事部**

　旧来の機能毎に分かれた人事部内の組織（採用チーム、育成チーム、評価チーム等）から構成される組織体制。

　次頁の図1は、グローバルで見たときの各人事機能に求められている要件について、記したものであるが、ファンクション型人事部では、太枠で囲ったそれぞれのチーム編成がとられ、それぞれの要件に沿って、業務が遂行されているのである。

　このファンクション型人事部の難点は、図2に示すように横の人材フローシステム（Human Resource Development）をいくら整えても、例えば、採用や育成のみを強化したところで、縦の人事制度（Human Resource Management）との整合性がないと、人事部全体として機能しないという点だ。

図1

## グローバル人材マネジメントの基本ポリシー

**経営・事業から要請されている人材マネジメント面の課題**
- グローバルでの主要ポジションには、国籍に関係なく最適な人材配置を実現できる体制の整備
- グローバルな事業活動をリードできる次世代リーダーの早期育成
- 事業ニーズの変化に即応できる人材マネジメント
- 事業を超えたところでの本社コントロールの必要性

| 採用 | 育成 | 評価 | 処遇／報酬 | 昇格 | 異動配置 | 代謝 |
|---|---|---|---|---|---|---|
| 地域横断的、多国籍チームで仕事ができる人の採用 | 次世代グローバルリーダーの発掘と育成 | 地域横断的に異動しても共通な評価基準（仕事の成果） | 地域横断的異動が想定される層での報酬ポリシー統一 | 等級制度のグローバルでの統一（職務ベース） | 事業ニーズに即したグローバルな最適人材配置の実現 | 次世代グローバルリーダーへの移譲が図れる代謝政策 |
|  | 事業ニーズに即した人材育成 | 事業ライン主体の評価 | グローバル企業であることの福利厚生面でのメリット追求 | 一定等級以上の昇格基準の統一 | 次世代リーダー育成目的でのグローバルでの主要ポジションへの人材配置 |  |
|  | グローバルに仕事をする上での基本的な考え方の統一 |  |  |  |  |  |

図2

**【人事制度】** 制度アプローチ

**【人材フローシステム】**

採用 — 教育 — 能力・行動評価／成果評価 — 配置・昇進 — 代謝

等級／報酬

フローアプローチ

共通基盤としての人事制度が未整備の場合、それが「壁」となり、人材フローシステムのなかでも今後のポイントとなる「配置」にまで、施策が届かない状況になる。

すなわち、それぞれの機能が価値連鎖するようにしなくてはならない。多くのファンクション型人事部では、採用チームは将来の事業を牽引する優秀な学生を採用するために奮起し、育成チームは階層別研修プログラムを設計し、一つ一つの研修を運営し、評価チームは先に記した評価調整を作業ピークとし、それぞれの業務が遂行される。そして、それらの機能連鎖はせず、個々の機能の最適化が行われているというのが少なからずあるのではないだろうか。

### ▪ 一気通貫型人事部

　先ほどの縦と横のフローを機能させるための次のレベルの人事部の組織体制をみていきたい。

　例えば、組織開発の 3P モデルで触れたマーサー社の IPE を用いて組織を設計する組織設計チームや、ポジションと人を管理するタレントマネジメントチーム、社員のエンゲージメントの観点から施策を講じるエンゲージメントチーム、そのほか、労務管理などのレイバー・リレイテッドチーム、そして、昨今では人事関連のデータを解析し、施策を講じるピープルアナリティクスチームなど目的別に機能連携された組織体制である。旧来のファンクション型人事部モデルから、目的別に機能連鎖した一気通貫型人事部へシフトすることで、それぞれの機能をそれぞれの目的別に応じた形で機能連鎖できる仕組みとする必要がある。

　大企業でもパナソニックなどプロジェクト化し、それぞれの人事の機能毎のオペレーションに横串をさして、結合させているケースもある。

## ファンクション型人事から、一気通貫型人事へのシフト

| | 採用 | 育成 | 評価 | 処遇<br>報酬／昇格 | 異動配置 | 代謝 |
|---|---|---|---|---|---|---|

- ポジションと人を管理する<br>タレントマネジメントチーム
- 社員のエンゲージメントの<br>観点から施策を講じる<br>エンゲージメントチーム
- 労務管理などのレイバー・<br>リレイテッドチーム
- 人事関連のデータを解析し、<br>施策を講じるピープル<br>アナリスティクスチーム

### **ファンクション型人事の課題**
・担当がプロセスごとに分かれている（伴走者が変わる）
・各機能の価値連鎖が生まれづらい

### **一気通貫型人事**
・目的に沿ってチームの全プロセスを網羅
・各機能の価値連鎖が生まれる
・一貫性ある人事戦略が遂行される

▪ バックキャスト型人事

　一気通貫型人事部組織体制のもと、5年後、10年後、30年後、50年後の姿を見据えて、バックキャスト型に人事施策を創れる人事をバックキャスト型人事と呼ぶ。
　未来組織からの逆算の組織設計を行うことで組織開発を行える人事部である。

・未来組織からの逆算の組織設計

　いつ、どこで、どのタイミングで、どのような人材が必要となるかを見据えることができるのである。

　例えば、縫製業においては、2005年にWTOの繊維製品輸入割当制度が撤廃され、一気にチャイナシフトが起こった。その当時の中国での急激な伸びに対応した組織設計上の履歴を分析することで、他の市場において逆算の組織設計をしていくことが可能となる。チャイナシフトの後、中国一極集中のリスクを回避する意味で一気にチャイナプラスワンとしての縫製シフトが起こり、その縫製市場はベトナム、バングラデシュへとシフトしていったわけである。

　労務単価の推移も含めて中国で起こったことが次なるベトナムでも起こり、またそのベトナムで起きたことがバングラデシュでも起こるということを考えれば、当時の中国における組織変遷をふまえることで、ベトナム、バングラデシュではバックキャスト的な組織設計の対応が可能となる。その具体的な捉え方はこうである。まずは、中国の組織変遷上、一つ一つのポジションが発生したタイミングの市場環境などを分析していくことである。

例えばであるが、中国の製造業における統括人事部長のポジションがどのタイミングで組織設計上、必要になったかということを分析してみたとしよう。
　そのポジションができたタイミングを調べると、売り上げ100億円、社員数1000人を超えたタイミングが一つのターニングポイントであったということが分かる。さらにその分析を進めると、そのターニングポイントでは、ちょうど、営業に対する人事施策・運用と製造に対する人事施策・運用との整合性が求められた時期であり、営業を管轄する人事マネージャー、製造を管轄する人事マネージャーの一つ上の階層に、会社全体の人事施策を統括する人事ポジションが必要となったということも分かった。

　このようにして、統括人事ポジションの例でみたアプローチと同じように、マーケティング部長、さらにはそのマーケティング部内の課レベルのポジションまで、すべてのポジションに対して、いつどういう背景で必要になったのかということを分析することができるはずである。その分析は、自社がまだ進出していない市場、分野であれば、同業種のケースをベンチマークすることでも見えてくるはずである。

　先ほどの例でいえば、統括人事部長の新規ポジションに対して、本社からの出向員の派遣で補充されたという組織設計上の変遷データを把握できていれば、そのポジションが発生するターニングポイントに対してバックキャスト的に捉え、本社からの出向員でそのキーポジション（組織設計上、戦略を左右する重要な役割）を充足させることなく、現地の社員をそのポジションに向けて、予め育成することが可能になる。
　あるいは、内部昇格に加えて、仮に外部から採用する場合においてもステップ1で記した職務の価値情報に基づき、キャリアステップを見据えた人材登用、処遇決定の判断をすることで、社内外に対して、透明性と客観性が担

保され、人材の任用が行われ、結果、そこのポジションから生み出される事業競争力は高まるのである。

「組織は戦略に従う」のか、それとも「戦略は組織に従う」のか？

　本章の冒頭で書いた問いは、こうであった。

　そしてこの問いは、組織構造は、戦略に従い、戦略は、組織能力に従うということを示唆していたのであった。つまり、「組織能力が戦略を創り出し、その戦略に沿って組織構造を形作る」ということに対して、組織開発の3Pとして整理した。職務を把握することでまず組織構造を鮮明に捉え、未来からの逆算でポジションを創り出し、そして、共通の尺度でポジションを横並びにして、パフォーマンスマネジメントをする。そして、一つ一つのポジションに任用される人にフィロソフィーを根付かせる。そのように、エンゲージメントが自然と高まる状態の組織開発をし、常に一歩先を見据えた人事施策を講じていくのだ。そのような人事こそが、経営から最も必要とされる人事である。

## 4-4 組織開発のトレンド

　ここでは、組織開発を行う上での手段としてのトレンドを見ていきたい。
　ホラクラシー／ティールといった言葉を、ここ一年の間で日本の人事部界隈ではよく耳にするようになった。

### ・ホラクラシー

　まず、「ホラクラシー」（holacracy）という言葉であるが、米国のソフトウェア企業の創設者であるブライアン・ロバートソン氏が、2007年に創案したものであり、フラットな組織形態を指すものである。
　従来の中央集権型・階層型のヒエラルキー組織に対して、細分化された組織には、肩書きや役職などは存在せず、意思決定機能が組織全体に拡張・分散され、それぞれ最適な意思決定・実行をさせることで、組織を自走させることを可能にするのである。「一人の上司による評価から、360度評価へ」、「個人の評価から、チーム評価へ」のシフトが可能になるのである。

### ・ティール（進化型）組織

　2014年にフレデリック・ラルーによって執筆された原著『Reinventing Organizations: A Guide to Creating Organizations Inspired by the Next Stage of Human Consciousness』によって紹介されたものである。ティール組織は、「組織」と「個人」の存在目的が共鳴している状態をベースに個人一人ひとりが主体性を持ち自主経営をし、自分らしさを全て会社に持ち込めるといった全体性（ホールネス）が担保された組織である。社員同士が自分の本

来の姿を互いにさらけ出し、それを認め合い、ピラミッド型組織にみられるように限られたポジションを奪い合う昇進の制度もなく、個々人が自分らしく、自分の使命を追求できるのである。そのような組織においては、「対前年、対計画の評価から、対未来に向けたビジョンへの貢献度評価へ」のシフトが可能になるのである。

　ここで説明したホラクラシー、ティール組織の考え方が実践されているのが、人材大手アトラエである。社員がやりがいをもって生き生きと働く組織の代表格であり、現場に裁量と責任を任せて判断させることで、創造性や革新性が求められる知識集約型産業のなかでもスピーディーな対応で次々とサービスを展開し、急速に成長してきた会社である。その成長を支えたのが、まさにここで紹介したホラクラシー、ティール組織の考え方であった。また、自由で裁量のある働き方を実現させた前提としてアトラエでも、組織開発の３Ｐのステップ3– Philosophy（理念）を根付かせるという点が徹底されていた。

　ビジョンとしての『世界中の人々を魅了する会社を創る』を行動指針として「大切な人に誇れる会社であり続ける」とし、落とし込んでいる。そうすることで、成果でなくチームへの貢献で測る評価制度を導入できるようになったのである。具体的には、自分の働きぶりを見てくれていると思う５人を選び、その人たちの評価で決め、貢献度が低ければ給与も上がらないという仕組みだ。

　イノベーションが埋もれがちな階層型組織を持つ大企業においては、ホラクラシー、ティール組織の考え方を取り入れることができないのかというと、決してできないわけではない。大企業の組織でも、それぞれの事業部、それぞれの部門単位で取り入れることは十分に可能である。
　社員同士が自分の本来の姿を互いにさらけ出し、それを認め合い、ピラミッ

ド型組織にみられるように限られたポジションを奪い合う昇進の制度もなく、個々人が自分らしく、自分の使命を追求できるのである。

　そのような組織においては、「対前年、対計画の評価から、対未来に向けたビジョンへの貢献度評価へ」のシフトが可能になるのである。

## 4-5 提言：これからの組織開発

■次世代人事部モデル策定プロジェクト

　世論調査や人材コンサルティングを手掛ける米ギャラップ社が世界各国の企業を対象に実施した従業員のエンゲージメント（仕事への熱意度）調査によると、日本は「熱意あふれる社員」の割合が6％しかないことが発表され、米国の32％と比べて大幅に低く、調査した139カ国中132位と最下位クラスだったことが2017年報じられた。

　当時、来日したギャラップのジム・クリフトン会長兼最高経営責任者（CEO）は、日本ではなぜこれほど「熱意あふれる社員」の割合が低いのかという質問に対して、以下のように答えた。

「日本は1960〜80年代に非常によい経営をしていた。コマンド＆コントロール（指令と管理）という手法で他の国もこれを模倣していた。問題は（1980〜2000年ごろに生まれた）ミレニアル世代が求めていることが全く違うことだ。ミレニアル世代は自分の成長に非常に重きを置いている」

　つまり、日本企業を取り巻く社会・経済環境として「人生100年時代」、「ミレニアル世代」の到来により、より個人の成長・キャリア意識は高まったのである。そうした、働き手の意識の変化に対応した次世代の人事部モデルがいま必要とされている。

そこで、One HR（事業会社人事、人材サービス会社の人事有志団体でコミュニティは800名程）として、人生100年時代×企業寿命30年に対応するサステナブルに「組織」と「個人」が最高のパフォーマンスを産む"次世代人事部モデル"、を策定している。そのメンバーは大企業からベンチャー企業の幅広い企業群の人事やSDGs推進者、人材サービス会社、経産省メンバー、企業経営者、幅広い年齢層の社員、そして学生を含めて議論しながら策定しており、本書が発売された後の2019年5月1日に公開していきたいと考えている。

## 経営課題と人材マネジメント上の課題は直結

| | 経営上の優先課題例 | 人材マネジメント上の課題例 |
|---|---|---|
| グローバル化 | ・高成長の海外市場におけるシェア獲得や多様化する顧客ニーズへの対応<br>・グローバルな組織ガバナンス | ・海外市場開拓などの経営課題を主導する多様な人材ポートフォリオ構築<br>・職務やスキルに対応した複数の柔軟な人事制度の構築 |
| デジタル化 | ・winner takes allの経済に移行、"すり合わせ"の競争優位が低下<br>・競争力や勝ち筋の再検証<br>・テクノロジーの変化スピードへの対応 | ・イノベーションや競争力を左右する人材の育成・発掘・獲得<br>・業態の変化に対応するための、従業員の再配置・再教育 |
| 少子高齢化<br>：人生100年時代 | ・シニア人口増加・若年人口減少への対応<br>・社会で活躍する期間が長期化し、個人のキャリア意識向上 | ・個人の経験やスキルを最大化する人材マネジメントの実施<br>・従業員のエンゲージメント向上<br>・自律的なキャリア構築の支援 |

出典：経済産業政策局産業人材政策室 人材マネジメントの在り方に関する課題意識 資料

## 求められる雇用コミュニティの在り方（イメージ）

**従来の日本型雇用コミュニティ**
（事業環境の予見可能性が高い）
[ 新卒一括採用を基軸：同質性 ]

メンバーが変わらないクローズドなコミュニティ
➡ 内部公平性

**これから求められる雇用コミュニティ**
（VUCA時代へ）
[ 新卒、中途、再入社、リスキル・再配置：多様性 ]

メンバーの出入りがあるコミュニティ
➡ 外部競争力

出典：経済産業政策局産業人材政策室 人材マネジメントの在り方に関する課題意識 資料

　平成も終わる平成31年、働き方改革元年としてスタートしたわけであるが、働き手や人事部の働き方改革に関する意識は高まった。いわゆるマインドセットは醸成されたわけである。しかし、それらを実行する人事部の組織体制は旧態依然のままであり、そこを変えない限り、何も本質的に変わらないという点を危惧している。働き方改革の実行部門である人事部の組織体制も変革させることで、人事部の実務面含めて確実に改革をしていくことが必要である。

　人事部自体の組織体制については、上述した3つのレベルで少なくとも、進化させてほしい。その各機能の方向性は、次頁の図の通りである。さらには、これから公開をしていく次世代の人事部モデルについてもその進化版として捉えていただきたい。

## 人材マネジメントの枠組みの変化の方向性

| | 従来の特徴 | 今後の方向性 |
|---|---|---|
| 採用 | ・社内の必要人材（リソース）の大半を新卒一括採用によって確保<br>・一部の専門人材のみを社外からの中途採用によって確保 | ・必要な時に必要なスキル・経験を持つ／役割を果たせる多様な人材を、新卒・中途関わらず臨機応変に確保 |
| 配置 | ・企業特殊スキルの獲得を主眼としたジェネラルローテーションの実施<br>・会社都合での転勤によるリソースアロケーションの実施 | ・原則、職場内でのローテーションを実施<br>・個人希望によるジョブポスティングの仕組みを導入<br>・会社都合での転勤は原則実施しない |
| 等級 | ・企業特殊スキルの習熟度（≒勤続年数）に基づいた、内部公平性重視の職能等級<br>・管理職については、一部役割等級を導入 | ・外部労働市場での競争力と社内秩序バランスの確保のため、職務・役割の大きさに基づいた職務・役割等級を導入 |
| 報酬 | ・社員の能力・パフォーマンス・勤続年数・家族構成等を総合的に勘案して支給 | ・外部労働市場での競争力確保のため、固定報酬は職務・役割に基づいて支給し、変動報酬については、パフォーマンス・リテンションリスクによって柔軟に支給 |
| 評価 | ・内部公平性・説明責任を重視するとともに、昇格・昇給・賞与を決定することを目的として実施 | ・社内における報酬支給の根拠よりも、会社・個人のパフォーマンス・能力向上に力点を置いて実施<br>・ローパフォーマーへの個別パフォーマンス向上施策（PIP）を実施 |
| 人材開発 | ・全体としての能力の底上げに力点を置き、階層別・年次別研修など均質的な教育体系を提供 | ・積極的タレントマネジメントを通じて幹部候補層を選抜したうえで、集中的な育成投資を実施するとともに、リテンションを図る |
| 組織開発 | ・長期雇用かつ同質的・安定的な組織文化を変える必要性が低かったため、従業員満足度調査等の施策実施に留まる | ・人材の流動性・多様性の高さを踏まえると、エンゲージメント向上の重要性が高いため、積極的・継続的な施策の実施が必要 |
| 人事機能 | ・内部公平性を担保するために、本社人事部門が人材マネジメントを中央集権的に主導し、評価・処遇・異動等を決定している | ・各地域・事業部において最適な人材マネジメントを実現するために、本社人事部門と組織長は連携しつつも、権限の大部分は組織長へ委任し分権的な意思決定を実施 |

出典：経済産業政策局産業人材政策室 人材マネジメントの在り方に関する課題意識 資料

## ■次世代人事部モデル策定プロジェクトについて

（プロジェクト発足の趣旨）

　企業を取り巻く社会・経済環境は、「人生100年時代」の到来により、社会で活躍する期間が長期化し、長期のライフプランを念頭に、個人のキャリア意識は向上し、また、社会課題への関心が高く、自らの成長にも関心が高い「ミレニアル世代」の登場といった大きな変化に直面している。これらの働き手の意識の変化に対応した次世代の人事部モデルを策定することで企業競争力を高める人材マネジメントを人事部の現場レベルで実行できるものとしていくことを目的とする。

　経済産業政策局産業人材政策室の経営競争力強化に向けた人材マネジメント研究会の中でも指摘されているように、現状の各社の人材マネジメント手法が「個」が多様化する中、「企業」と「個」の双方の成長を目指しているか？という視点において、例えば、評価という切り口では処遇決定のための評価

となり、個人の成長につながる評価につながっていないというのが現状である。人事戦略上、変革させるべき要素が数多くある。

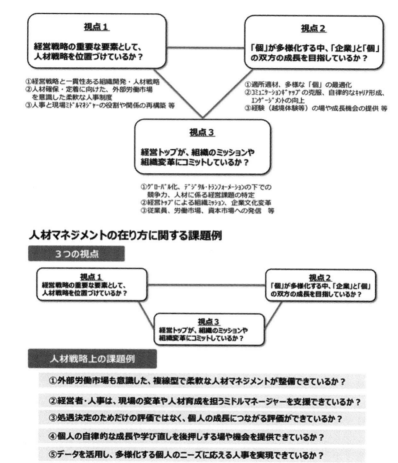

出典：経済産業政策局産業人材政策室 人材マネジメントの在り方に関する課題意識 資料

採用、育成、評価といった機能毎の高度化を進めた上でそれらが「企業」と「個人」の成長に寄与する仕組みとして機能連鎖させるために、人事部のあるべき組織体制、仕事の進め方にまで落とし込んだ形のモデル策定としていく予定である。

　また、資本市場からの評価指標の一つとなることを見据えた展開として、サステナブルな「企業」と「個人」の成長を促すものとするため、HR版SDGsの策定も含めて議論している。HR版SDGsは、各企業の人事施策との連動もはかりながら、下表の資本市場との連携をも見据え、着実に導入と実行を図っていきたいと考えている。

**人材マネジメントの在り方を見直す際に重要なステークホルダー**

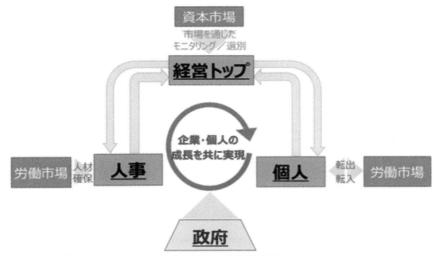

出典：経済産業政策局産業人材政策室 人材マネジメントの在り方に関する課題意識 資料

　アプローチとしては、HR版SDGsをさだめ、そこにアプローチしていく人事機能を再構築し、次世代の人事部モデルとしていく。

その考え方のベースは、ミシガン大学のデイビッド・ウルリッチ教授が提唱した以下4つの分類をカバーしたものとする。

1. 戦略パートナー（Strategic Partner）
2. 管理のエキスパート（Administrative Expert）
3. 従業員のチャンピオン（Employee Champion）
4. 変革のエージェント（Change Agent）

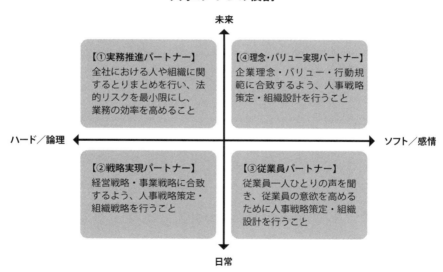

Human Resorce Champions:The Next Agenda for Adding Value and Delivering Results,1997.David Ulrichを参考に作成

また、多くのグローバル企業の人事部がもつ、次頁下表の4機能モデルの価値連鎖を踏まえつつも、次世代人事部モデルとして、進化させていくのである。

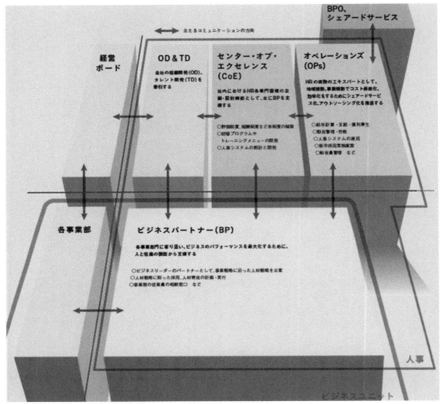

出典：リクルートワークス研究所 Works No.133「人事部の、今、あるべき形」

1) 組織開発（Organization Development）＆タレント開発（Talent Development）、
2) そして、センターオブエクセレンスの機能として採用や育成など各機能の専門家を置き、
3) オペレーションズとしてシェアードサービス化するものとを整理した上で、
4) 各事業部とのパイプ役である Human Resources Business Partner を軸におき、ビジネスユニットの一部として、ビジネスリーダーや従

> 業員を支援するこの4機能モデルがグローバル企業人事部の標準型となっている。

ここで"次世代人事部モデル"構想の内容を一部、紹介しておこう。

　従来型のファンクション型の人事部モデルをエンゲージメントチーム、タレントマネジメントチーム、そして、それらを複合する Human Resources Business Partner（HRBP）とに分けて考える。
　分かりやすく言えば、エンゲージメントチームは、個人にコミットし、タレントマネジメントチームは、組織にコミットし、そして、HRBPは、個人の自己実現と組織のビジネスプランを達成することをコミットするという組織体制である。HRBPは、まさにここで取り上げた組織開発を成し遂げなくてはならないのである。

　個人にコミットするエンゲージメントチームと、組織にコミットするタレントマネジメントチームのマトリクスから生まれる要素の双方を機能させるのがHRBPという関係性である。
　なぜ、マトリクスで議論をするかというと、4-1で紹介した「組織は戦略に従う」のか、それとも「戦略は組織に従う」のか？という問いがそうさせている。

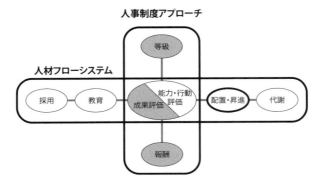

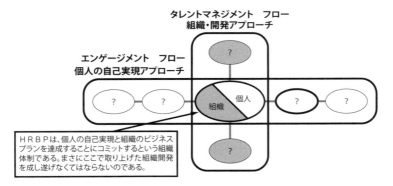

4-1では、
「組織能力が戦略を創り出し、その戦略に沿って組織構造を形作る」と整理したことを念頭に考えると、組織能力を高めるエンゲージメントチームと、組織構造を形作るタレントマネジメントチームは表裏一体なのである。

組織開発の3Pとしては、組織構造からの逆で進めていくステップでみてきたが、組織能力を作り出す、源泉である個々人の能力をいかに引き出していくのかという点が次世代人事部モデルの肝である。

以前、ZOZO の前澤社長のツイッターが話題になったが、その内容はこうであった。
「仕事を楽しむ労働者を増やし、労働生産性の高い国にしたい」と。逆に捉えがちなところの本質をついた内容であったとも思う。

## ■グーグルやザッポスでの事例で注目を浴びた
### チーフ・ハッピネス・オフィサー（CHO）

　CHO とは企業文化の中でも特に改善の余地が大きいとされる社員の幸福度に着目し、その向上に努める役職である。Happy なグループとそうでないグループを比較した場合、前者が創造性は 3 倍、生産性は 30％アップするというカリフォルニア大学のソニア・リュポミアスキー教授の調査結果もある。その幸福度は、社員同士の信頼関係を築く会社の社員は高い。すなわち、組織開発の 3P で紹介した Philosophy（理念）を軸にした組織と個人の信頼関係がある社員の幸福度は高い。組織開発を進める上で Philosophy（理念）を根付かせるということが、最も重要なことであるということを改めてここでも強調しておきたい。

　働き方改革の一環で、RPA などを駆使し、30％の業務圧縮をして、その空いた時間をクリエイティブワークに回そうといった取り組みが大企業で進められている。30％の業務改善のアプローチに加えて、個人の幸せを高める組織開発を進め、30％の生産性アップ、創造性を 3 倍にしていくのが本質的なアプローチである。

　その組織開発のゴールは、繰り返しになるが、個々人が得々と組織の Philosophy（理念）を自分の言葉で語り、その Philosophy（理念）に基づき、自社のサービスを創っている状態を創り出すことであった。「組織」と「個人」が融合している状態、を作り出すのだ。それが整えば、組織に自分自身が存

在する必然性がでてきて、その必然性のもと、個人がその組織に対して、他には代替できない価値を社会に提供するのだ。そうすることで個人も幸せになり、組織も、そして社会ももっと良くなっていくのである。組織開発を進めることで、創造性は3倍、生産性は30％アップし、優れた技術・サービスが生まれていくのである。

## ■西洋的発想であるワークライフバランスの考え方に対して、東洋的にあうとされるワークアズライフという考え方

　昔の百姓は、言葉の通り「100の生業がある人たち」のことを指しており、農業をする人もいれば、お祭りを取り仕切る人もいれば、木工をする人もいた。すなわち、あらゆる職のバリエーションを持ち合わせ、ポートフォリオマネジメントしてきた役職であったのだ。落合陽一氏が語るように、このような百姓のような仕事と生活が一体化したワークアズライフのほうが東洋的な文化にはあっているという見方もあるのだ。個人の自己実現をいかに事業競争力の源泉として取り込んでいけるかということが今後の次世代人事部の方向性であろう。

　次世代人事部モデルは、これまで戦略を遂行する上で"組織"視点に比重が置かれていたものを、"個人"視点への比重とバランスさせ、"組織"と"個人"いずれもが幸せになる状態を作り出すサステナブルな人事部モデルである。

### ▪ 創業期のベンチャー企業における組織開発

　フェーズによって違う組織開発
　- 創業初期：理念にそった事業開発の徹底

-5名〜20名：人材開発として個の能力を伸ばすことが組織開発につながる

-20名〜100名：組織設計が必要となる時期。組織を筋肉質に保つためにリーダーを育成

　この段階においては、人類学者のロビン・ダンバー氏の論である人間が安定的な社会関係を維持できるとされる人数の上限は150名であるという点も踏まえ、"Span of Control"として、マネジャー1人が直接管理している部下の人数や、業務の領域を管理していく必要がある。一般的な事務職では1人の上司が直接管理できる人数は5〜7人程度であると言われている。

-100名以上：大企業と同じように組織開発が必要になってくる。

**コラム③**　兼業・副業の促進でイノベーションが起こる！

# 兼業・副業
～会社・個人・社会を変える起爆剤になるか

弁護士<br>白石紘一

　近時、政府全体で、兼業・副業の普及促進に向けた動きが進められている。2017年3月に決定された「働き方改革実行計画」では、兼業・副業の普及を図っていくことがうたわれており、また、これに前後して、経済産業省及び厚生労働省において、兼業・副業に関する検討会が開催されるなどしている。

　特に、2018年1月に厚生労働省が出した「副業・兼業の促進に関するガイドライン」では、「企業の対応」として、「原則、副業・兼業を認める方向とすることが適当である。
　副業・兼業を禁止、一律許可制にしている企業は、副業・兼業が自社での業務に支障をもたらすものかどうかを今一度精査したうえで、そのような事情がなければ、労働時間以外の時間については、労働者の希望に応じて、原則、副業・兼業を認める方向で検討することが求められる。」とまでされているところである。

　他方で、社会が実際に兼業・副業に前向きになっているかといえば、それほどではない。働き手においては、一定数が兼業・副業に関心を持っているが[1]、企業側においては、いまだに多くの企業が働き手の兼業・副業を認めようとはしていない[2]。
　これは、後述のとおり、従来の日本型雇用の在り方が、兼業・副業と適合的ではなかったことの表れでもあろう。

しかしながら、従来はとにかくとして、これからの社会環境において、兼業・副業という就労形態は、働き手にとっても企業にとっても非常に大きな意味を持ちうる。

　また、後述のとおり、伝統的な日本型雇用の在り方は、昨今の社会環境と不整合をきたしつつある。兼業・副業が広がっていくことは、結果として、日本型雇用そのものをアップデートしていくにあたっての有力な起爆剤ともなりうるであろう。

　以下では、伝統的な日本型雇用の在り方を踏まえつつ、兼業・副業がどのような影響を与えうるかを述べたい。

## 1　日本型雇用のこれまで／働き方とキャリアの選択肢の少なさ

　終身雇用、年功序列、企業別労働組合……これらは、日本型雇用の「三種の神器」とも呼ばれ、日本経済の高度成長を支えた、日本型雇用システムの大きな特徴であったが、さらに、独立行政法人労働政策研究・研修機構所長である濱口桂一郎氏は、日本型雇用システムの特徴を「メンバーシップ型」と表現した[3]。

　日本においては、雇用されるということは、職務の範囲・労働時間・勤務地についてあらかじめ特段の限定はせず、会社に命じられるままに従うということであり、それはすなわち企業という共同体の「メンバーシップ」の一員になるということだというのである。

　他方で、それぞれの働き手は、「メンバーシップ」の一員になることによって、その身分を保障され、終身雇用（長期雇用）を得ていた。

　こういった、働き手と企業の関係を、"契約"という、「相互に何を提供するのか」といった観点から整理してみたい。もちろん、働き手からは労務を

提供し、代わりに、企業からは賃金を提供するのであるが、もっと社会的・長期的に両者の関係をとらえたときに、どのように整理されるか、ということである。

まず、働き手は、企業から「やれ」と言われれば、何でもやるし（職務の無限定）、何時間でも働くし（長時間労働）、「行け」と言われればどこにでも転勤した。

また、その企業においてのみ通用するスキル（企業特殊的スキル）を重点的に伸ばした。

すなわち、働き手は、職業人生の"すべて"を企業に捧げていたのである。それはまさに「滅私奉公」と表現できるものであろう。

24時間働く（戦う）ことができるかどうかを問うキャッチフレーズが一世を風靡していた時代もあったとおり、かつて、こういった働き方は、美徳でもあった。

他方、企業が働き手に提供したのは、終身的（長期的）な"雇用の保障"、そしてそれを通じた"生活の保障"といえるであろう。企業の命令に対して忠実に働いている働き手には、長期の雇用のみならず、年功序列という形で、年次に応じたポストや賃金の上昇を保障したのである。

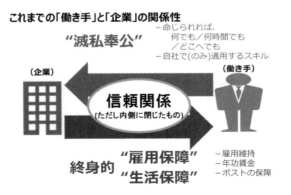

こういった関係を戯画的に表現すると、前頁の図のとおりとなるだろう。結局のところ、かつての日本型雇用において、働き手と企業の関係は、「働き手は企業にすべてを捧げ、代わりに、企業は働き手に生活とキャリア（のすべて）を保障する」というものだったといえる[4]。
　ある意味では相互に釣り合いが取れていたともいえる、この暗黙的な契約関係（いわゆる「心理的契約」）は、労使間の非常に強固な信頼関係を構築する源ともなっていた。

　ただし、そこにあったのは、強固ではあるものの同質的であり、働き手にとっては働き方やキャリアの作り方についての選択肢が乏しく、そして"内側に閉じた"関係性であった。
　まず、働き手においては、メンバーシップの一員として、働き方もキャリアの作り方も、一律固定的に拘束されていたといってよい。企業に命じられるとおりに、何でもできるか、何時間でも働けるか、どこへでも行けるか……どれか一つでも無理であれば、出世ルートから外されるのみならず、場合によっては、メンバーシップから除外されてしまうのである。

　また、その強固な関係と同質性は、ある種、外部との隔絶によって成り立っていた。新卒一括採用からスタートしたうえ、終身雇用が存在することで、途中での人の出入りは乏しかった。さらに、企業を辞める（メンバーシップから離脱する）のはもちろんのこと、特段の関係性のない他企業の社員と交流するといった形で"社外を見る"ことは、不謹慎であり、「裏切り者」の烙印を押されることすらあった。
　すなわち、伝統的な日本型雇用の特徴は、「一律固定・同質性重視」「外部との隔絶・閉鎖的環境」と表現できるであろう。働き手は、今所属している一つの企業に、"24時間"のすべてを捧げることができるかどうかを問われていた。

この関係性のもと、かつての成長期においては、働き手も企業も、「わき目も振らず、今の職場で一心不乱に頑張っていれば、成長も成功も保証される」という形で、同じ方向を向いて頑張ることができたのである。

　そして、兼業・副業は、この関係性のもとでは、まったく親和性がなかった。働き手にとっては、兼業・副業をせずとも、生活面でもキャリア面でも特段の問題がなかったし、企業にとっても自社の従業員に兼業・副業を認めるメリットは乏しかった（せいぜい収入補填になるという程度だった）。
　むしろ、兼業・副業をするということは、"同じ方向へ向かってすべてを捧げる"というメンバーシップを毀損する行為であり、働き手にとっても企業にとってもデメリットが大きかったといえるであろう。

　ただし、このようなメンバーシップ型の雇用の在り方は、企業や社会全体が安定成長期にあり、さらに、企業に24時間を捧げることのできる働き手として、「働き盛りの世代で、家庭は妻に任せる男性」を中心に据えることができていた等、かつての社会環境においてこそ成立していたといえよう。

## 2　時代の変化と兼業・副業の有用性

　働き手や企業を取り巻く環境は、近時、大きく変化している。詳細は【コラム①】に譲るが、「働き盛りの世代で、家庭は妻に任せる男性」を中心に据えるような企業人事システム及び社会の在り方は、もはや持続困難である。
　企業及び社会においては、様々な形で人材を確保することに加え、多様化する働き方やキャリア観に対して個別最適化を図っていくことが必要になっており、職務や労働時間を当然に無限定なものとして働き手に押し付けることは、適当ではなくなりつつある。
　他方で、働き手においても、長期化する職業人生の中で、働き方やキャリ

アを企業にゆだね過ぎずに自らの選択と責任の下に決めること（キャリア・オーナーシップ）が必要になっている。

　また、テクノロジーの発達やグローバル化の進展は、産業構造も就業構造も変化させ、変化のスピードも加速させており、非連続的なイノベーションがより一層求められるようになっている。さらに、これらに応じて、コマンド＆コントロールとでもいうべき、企業と働き手の間にあった主従関係も変化を見せ、働き手の地位が相対的に向上しつつある。

　こういった変化に適応していくにあたって、企業と働き手のいずれにとっても重要なアクションの一つとなりうるのが、兼業・副業である。
　すなわち、企業にとっては、イノベーションを創発するために重要である"社外の知見"を取り入れるために、あるいは人材の自律性を高めるために有用であるし、また、専業では来てもらうことが難しい人材であっても兼業・副業の形で協力してもらうことで、ハイスキル人材の受け入れや人手不足の解決策の一助にもなる[5]。

　また、働き手にとっても、新たな場所で同時並行的に研鑽の機会を得ることで、多元的な形でスキルや知見の向上を図りつつ、キャリアを自律的に複層化することにつながる。
　視野や視座が変わり、例えば同じ業務を行う中でも新たなことに気づくようになる等、得られるものが広がっていくという効果もあろう。単に"小遣い稼ぎ"をすることだけが兼業・副業ではないのである。

　なお、兼業・副業を認めることについては、過労の恐れや、企業秘密漏洩の恐れ、競業・利益相反の恐れ、人材流出の恐れなど、企業側において様々なデメリット（リスク）が指摘されることがある。しかしながら、これらのデメリットは、過剰に恐れるべきものではない。

なぜなら、まず、過労や企業秘密漏洩、競業・利益相反などの回避については、兼業・副業を承認するにあたっての確認、途中でのモニタリングなど、「制度的な手当」[6]の中で十分に担保可能であるといえる。

　また、人材流出についても、過剰に懸念する声があるが、兼業・副業をきっかけに退職する社員が仮に存在するとしても、それはそもそも兼業・副業とは無関係にいずれは退職していたとも思える。むしろ、「やりたいことをやるためには、今の会社を辞めるしかない。他方で、やりたいことを諦めて会社に残っても、もはやモチベーションが保てない」という社員に対して、「会社に残りつつ、やりたいこともやる」という選択肢を与えることで、今の企業に引き留めることができ、リテンションに働く面があるといえよう[7]。すでに様々な企業が兼業・副業を解禁しているが、懸念の払しょくに関しては、このようなスタンスで臨んでいる企業が多いようである。

## 3　兼業・副業による日本型雇用のアップデート

　このように、兼業・副業は、企業・働き手・社会のそれぞれに対して大きなメリットを持つものであるが、兼業・副業が今後広がっていくことによるインパクトは、これらに留まるものではない。伝統的な日本型雇用そのもののアップデートにもつながっていく可能性があるといえよう。

　まず、企業においては、既存の従業員が新たに兼業・副業をするか、あるいはすでに他社等で働いている人を新たに受け入れるか、いずれの場合においても、当該従業員に対しては、もはや従来のように"すべてを捧げる"ことを当然に要求することができなくなる。
　決められた範囲の中でパフォーマンスを発揮してもらうために、職務（タスク）の明確な切り分けとアサイン、労働時間ではなくパフォーマンスに向けられた評価・報酬の仕組みが必要になろう。無論、マネジメントの負担は

増えるであろうが、社会環境の変化に適応していくにあたって、必要な負担である。

　働き手においても、兼業・副業をすることが"選択肢の一つ"として確立してくると、実際に兼業・副業をやるかやらないかにかかわらず、固定的に閉じかねない自らの働き方や、仕事への向き合い方、キャリア観を自然と見直すことになると思われる。
　自らを見つめなおすような機会は、普通に働いている中ではなかなか得にくいところであるが、ある種の"分かれ道"が提示されているようになると、その点の感覚も変わってこよう。
　これらすべて、従来の日本型雇用（メンバーシップ型雇用）とは相いれないものであり、その観点では、やはり兼業・副業は従来の在り方に対する"アンチテーゼ"といえる。しかしながら、日本型雇用のアップデートの方向性として、目指すべきものであるともいえよう。

## 4　労働市場の流動化と兼業・副業

　前述のとおり、伝統的な日本型雇用の特徴としては、「一律固定・同質性重視」「外部との隔絶・閉鎖的環境」が挙げられるが、昨今の社会環境の変化との関係では、もはやこれらは適合的ではない。
　日本型雇用の在り方をアップデートしていくことがこれから必要となるところ、その際に必要なものとして挙げられることが多いのが、「労働市場の流動化」である。
　この言葉には様々な意味が含まれるところであるが、皆が皆、どんどん転職するようになる（せざるを得なくなる）社会が良いという意味だとすれば、少なくとも今すぐ目指す方向性としては正しくないと思われる。
　ある種のコミュニティの維持にも重きを置くという日本型雇用の一側面は、完全に否定されるべきものではない。

そういった必要な側面は残しつつ、しかし行き過ぎた「一律固定・同質性重視」「外部との隔絶・閉鎖的環境」を打破していくために、まず目指すべき方向性は、企業と企業の間にそびえたつあまりにも高い壁を、少しずつでも低くし、社外と接する有益な機会を多少なりとも増やすことであろう。

　まさにここで重要となるのが、兼業・副業なのではないだろうか。すなわち、兼業・副業の形であれば、軸足を今いる企業に置きつつも、外部とのつながりを持つことができ、コミュニティを維持しつつも社外との連続性を確保できるのである。

　無論、兼業・副業は、あくまで"選択肢"であって、皆が皆やるべきものではないし、必ずしも全企業が兼業・副業を全面容認しなければならないものでもない。ただし、当然にこれを考慮外に置くのではなく、選択肢の一つとして、真剣に検討しなければならないといえよう。

　企業が、働き手に選ばれるようになり、またイノベーションを進めていくためにも、他方、働き手は自らのキャリアを自律的に形成していくためにも、兼業・副業が働き方やキャリアの選択肢の一つとして当然に存在するようになることが、これからの時代において重要であろう。

---

【コラム③　注】
(1) 独立行政法人労働政策研究・研修機構「多様な働き方の進展と人材マネジメントの在り方に関する調査（企業調査・労働者調査）」（平成30年9月）によると、正社員のうち、兼業・副業の実施に積極的な者の割合は、37.0％だった。

(2) 同調査によると、兼業・副業の許可をする予定はないと回答した企業の割合は、75.8％だった。

(3) 濱口桂一郎『日本の雇用と労働法』（日本経済新聞出版社、2011）

(4) もちろん、すべての働き手と企業の関係性がここまで単純化できるものではないだろうが、少なくとも、「正社員―企業」の関係性として、一つの大きなモデルであったとはいえるであろう。

(5) 社会全体でみても、人材やその人材が有するスキルを一企業にとどまらせずに、いわば"シェア"することは、人手不足に対する有効な施策となる。

(6) 兼業・副業を解禁している企業が行っている制度的な手当として、現に実施されているものには、例えば以下のようなものがある。
・事前に、兼業・副業の内容や業務の発注元に関する情報等を社員に届けださせ、問題がないかを確認の上で実施の許可を出す（許可基準にも明記）。
・許可を出すにあたって誓約書を提出してもらい、違反があった場合には許可を取り消す等の対応をとることを明示する。
・兼業・副業の実施状況を定期的に報告してもらう。
なお、「当社での業務にプラスになるものに限る」という許可要件を設けている企業もあるようである。

(7) そもそも、情報技術や転職市場が発達し、他社の情報も手軽に入るようになっているため、自社に留まってもらうために働き手の"目をふさぐ"ことは、兼業・副業とは無関係に、もはや困難になっている。兼業・副業が人材流出の芽になるという発想は、的外れであろう。

# 第 5 章
# HRテクノロジー入門以前

株式会社リクルート
**西村隆宏**

## 15秒サマリー　文：北野唯我

### <何が書いてあるか？>

この章では「HRテクノロジー」に関する、理論的背景と、テクニカルな部分がかなり細かいレベルで書かれています。

まず、認識しておくべきことは、HRテクノロジーの導入による効果は「人事の可処分時間を増やすこと」にあります。HRテクノロジーは「人間ができない高度なことをHRテクノロジーができるようになった」のではなく、これまで人事や現場が「定性的にやってきたこと」が、定量的に同程度に実現できるようになるものです。たとえば、リクルートグループの1社では新卒の配属を「領域の相性」と「メンターの相性」によって設計しました。その結果、少なくとも「人事の定性的な情報により実現していた配属業務」を、同程度までに実現できた、といいます。

また、一概にHRテクノロジーといっても、段階があります。この章では、これをCOBITというフレームワークによって「成熟度」を6つに分けています。HRテクノロジーの導入を検討しているディレクターはこれらを参考にしながら、導入していくことを推奨します。

### <どういう人にオススメか？>

このパートはHRテクノロジーの技術者・導入を検討しているディレクター向けです。

主に以下の読者に特にオススメします。

- 経営者→HRテクノロジーの導入を検討しているが、理論的背景を理解したい方
- 人事→社内ですでにHRテクノロジーの導入が決定され、これからプロジェクトが動く方

## 目的別！このページを見よ！

5−1　HRテクノロジーとCOBITの成熟度モデル
　　　→ 194ページ

5−2　HRテクノロジーを適切に使いこなすためのCOBITの成熟度モデル
　　　→ 198ページ

5−3　HRテクノロジーを導入した事例と成熟度モデルの変化
　　　→ 201ページ

HRテクノロジーは金融業務にテクノロジーを適用するFinTech、法律業務にテクノロジーを適用するLegalTechと同様に「xTech」と呼ばれる「領域名称」×「テクノロジー」のバズワードに過ぎない。しかし人事組織はその業務特性上、ツールやテクノロジーの選定経験を持つ人は少ない傾向がある上に、「人」という曖昧なものを対象にした業務のため、他のxTechと比較し下記の問題を抱えているケースが多いと聞く。

### 1. できることへの誤解

　HRテクノロジーを全能的な手段と捉え、現在の人事組織が抱えている課題もしくはあるべき姿への到達手段の殆どをHRテクノロジーで解決できる、と額面通りに考えている組織。

### 2. 導入するためのイメージ不足

　1.の如何を問わずHRテクノロジーの導入を検討する初期に何を行えばよいのかイメージがついていない組織。

　このような問題を抱えている場合、HRテクノロジーを単なるバズワードとして捉えるのではなく、COBITと呼ばれる成熟度モデルを用いて自社の状態を捉え、成熟度のレベルごとに何を検討し、どのような打ち手を実施すべきかというステップで導入を進めることをおすすめしたい。

　具体的な事例として、筆者が属している株式会社リクルートにおいて実施した、もしくは現在進行中の施策を利用しながら初期検討時と実施後振り返りの内容も含めてご説明したい。また、最後にはHRテクノロジーを用いるために人事組織として何ができるのかという観点からも、当社の事例を紹介する。本章が悩みを持つ人事組織の方々の、問題解決のヒントになれば幸いだ。

本章は人事の様々な分野をテクノロジーという側面から説明する章のため、適宜参考になる章への誘導を行う。なお HRTech ® は株式会社 grooves の登録商標のため、本章では一貫して「HR テクノロジー」の単語を用いる。

## 5-1 HRテクノロジーとCOBITの成熟度モデル

　本章ではHRテクノロジーを「人事の複雑性・煩雑性をテクノロジーによって対応する方法」と定義する。HRテクノロジーと分類されるツールや解決方法を説明する前置きとして、人事が関わる人々の複雑性が上昇し、それに対応するため人事業務が複雑、煩雑になっており、この複雑さ、煩雑さを解消するためにテクノロジーの利用が避けられない状況へ変化していると考える。

　社員数が数名のスタートアップの場合は、経営者の哲学に合った複数分野にまたがるスキルや経験を有する人を厳選して採用することが、人の複雑性へ対応する効果的方法であると考える。

### 複雑・煩雑になる人事業務と起きる課題

　一方で、従業員数が増えれば当然対応コストも増加する。HRの人員を増やすことで短期的な解消を狙おうと思っていても、法対応や社内制度設計といった業務を担うHRは、ある種専門職であるため人員を急激に増加させることは難しい。

　結果的にHR担当者の可処分時間のうち、定型業務が大半を占め企画・戦略立案といった思考を要する業務時間が慢性的に足りない状態が発生する。
　これを人以外で解決するには仕組みで解決するしかないのだ。そこでテクノロジーの活用が有効な打ち手の一つとして台頭してくる。

## なぜ人事組織に HR テクノロジーが入り込めないのか？

　普段筆者が業務内外で HR の担当者と会話する時に最も多いやりとりが、「HR テクノロジーを使えば HR の業務が進化する予感がするが、どのような基準でソリューションの選定を行えばよいのかわからない」「AI はどのような基準で判断しているのかよくわからない。こわい」「結局全て人で担保したほうがよい」といったものだ。

　最後の、人で全て担保する事はいずれ運用が崩壊すると前述したが、「基準がわからない」「こわい」という主張は、①今まで人事がソリューション選定を行う業務を実施する経験が少ない、②人事は定性的な示唆出しが多く、定量的な示唆出しと分析ストーリー作成経験が少ない、③企業の社内システムがレガシーであるの３つが原因だと考える。

　人事に所属する人はたいてい、新卒から一貫して人事業務を担当するか、配置転換によって一時的に人事業務を担当する事が多い。
　人事業務は採用から育成、労務と様々な思考を要するが、施策実施結果を振り返り、次の施策へ活かすフィードバックサイクルに非常に時間がかかる。そのため、人事担当者の考課期間内に彼らの取り組みをデジタルに評価する事は難しい。

　例えば、新卒採用の成功を測るには入社して最低 1 年半はかかる事がリクルートのある営業部門では言われている。内定を受諾し入社前に実施するコミュニケーションが約 1 年あるため、ある人材を新卒で内定を出してから、人事として投資効果を把握するのに 2 年半もかかることになる。
　Web マーケティングやデータ解析施策は実施して 2 週間で施策の振り返りが行えるため、単位時間あたりの試行回数は人事と比べると圧倒的に多い。この環境下において人事が施策の起案精度を上げる事は根本的に難しい。

日本の人事に文系大学出身者が多い傾向にある事も一つの原因になっていると思われる。
　HRの業務は人が所属する組織にマネジメントの機能を注入し、組織が創出する価値が個人の創出する価値総和より大きくなる状態の実現のための種々の取り組みである。

　VUCAの時代には、マネジメント手段は天下り的ではなく適応的な変化が必要で様々な取り組みを試し効果検証を行いながら改善する手法がとられる。これは理系学生ならほぼ全員が経験する実験計画そのものである。その理系大学出身者の割合が、人事は非常に低いのだ。
　実験計画が未成熟の場合、しばしば誤った意思決定を出してしまう上にHRの意思決定は影響度が大きいため慎重にすべきだが、そのケーパビリティを有する人が少ない、ケーパビリティを身につける機会が得られない事態が常態化している。

　一定規模の企業において、人事給与システムや入退館システム、経理系が非常にレガシーな製品を利用している事も足かせとなる。
　これらのシステムは一度導入を決定した後すぐに変更するようなシステムではないため、10年間アップデートを殆ど行っていない企業も多くみられる。

　SIer（補足：システムインテグレータ。企業の課題を情報システムの企画や構築、運用によって解決するサービスを提供する企業）がオーダーメイドで構築したケースも多い。その場合は、ユーザーに提供するWebサービスと異なり、他の製品との連携性は考慮されない。
　そのためHRテクノロジーが流行する中、ピープルアナリティクスを実施する際のデータ調達が非常にコストのかかる業務となってしまう。

このような人事に関連する社内システム、人事業務の構造上の問題が、HRテクノロジー導入の阻害要因となり、他分野と比べてテクノロジーの導入が遅れてしまう要因となる。

## 5-2 HRテクノロジーを適切に使いこなすためのCOBITの成熟度モデル

### COBITとは？

　COBITとはインパクト創出とリスクレベル、リソースの最適化のバランスを維持し、ITを用いた価値創出を支援するためのフレームワークの一つであり、主に内部統制や企業内情シスで利用される。COBITのプロセスアセスメントモデルはIT管理プロセスの定義と運用において6つのレベルを定義し、さらに細分化した数十のプロセスが存在する。

　ここで言えるのは成熟度レベルのアップが一足飛びに実現できないことだ。この観点こそがHRテクノロジーにおいて有用で、近年乱立している様々なHRテクノロジー関連のサービスやツールを導入する際の羅針盤となりうる。

　新卒採用のエントリーシートの採点業務を例にすると、属人的に実施している場合、成熟度レベルは1、もしくは2と推測できる。エントリーシートの自動採点を機械学習を用いて実施する場合、成熟度レベルは4と推測できる。機械学習はデータの量は当然ながら、変数として利用できる特徴の数といったデータの多様性、一つ一つのデータの信頼性といったデータの質が大事である。

　成熟度レベルが1もしくは2ではプロセスが確立しておらずデータの信頼性が低い場合が多い。プロセスアセスメントモデルを利用すれば、エントリーシートの自動採点を行う機械学習モデルを構築する前に、まず採点業務のプロセス定義から始めればよいことが直感的に理解できる。

HR はシステム導入のプロフェッショナルではないので本来ならば社内事情に詳しい専門家に頼めばよい。しかし、HR の置かれている状況が目まぐるしく変化している中で、社内事情と HR 関連ソリューションの両面が詳しい担当者は非常に少ない。HR の各種業務がどの成熟度レベルに位置するのか？　導入を検討しているソリューションはどの成熟度レベルに位置するのか？　をマッピングした上で検討するとよいだろう。

　筆者が社内外で観測できる範囲では多くの人事組織は良くてレベル 2 であるため AI を導入できる以前の状態である。しかし、注意してほしいのが、全ての業務においてレベル 5 を達成することが企業方針として正しいわけではないという点だ。

| 成熟度レベルと意味 | プロセス状態 | 複雑度の低下内容 | テクノロジーの活用例 |
|---|---|---|---|
| 0: 存在しない | 不完全 | 複雑さが観測不可能 | テクノロジーを入れることを目的にせず、まずはその業務をやってみる |
| 1: 初期・アドホック | 実施済 | 複雑であることが観測可能 | コミュニケーションコストを低下させるソリューション |
| 2: 繰り返し可能だが直感的 | 管理済 | 業務の複雑性を口頭により伝達可能 | データ蓄積手段の導入・RPA |
| 3: プロセスの定義 | プロセス確立済 | 業務の複雑性をドキュメントにより伝達可能 | BI 等のデータ可視化ツール・RPA |
| 4: 測定可能 | 予測可能 | 業務の複雑性を定量的にコントロールすることが当該業務に限り可能 | 機械学習・統計モデリング |
| 5: 最適化 | 最適化 | 業務の複雑性を定量的にコントロールすることが、当該業務に関連する複数の業務と協調し可能 | システム境界を柔軟に取り扱うツールのフルスクラッチ開発 |

レベル5の状態へ移行するには当然コストもかかる。金銭的なコスト以外にもレベル5の状態により社内失業する従業員も発生する可能性があり、そのケアも必要とされる。仕組み上、正しくても企業には当然制約があるため、金銭的なコストや人員処遇検討コストを加味した上で自社に最適なレベルの置き所を見定めるのがよいだろう。

## 5-3 HRテクノロジーを導入した事例と成熟度モデルの変化

### 機械学習を用いた新卒配属の最適化

　新卒の配属業務は数十名以上を継続的に採用する企業にとっては毎年発生する大きな手間である。特に内定者の意向を聞かずに会社都合だけで決定することも可能だが、昨今のエンゲージメント尊重の潮流の中、独善的に決定すると今後入社する社員のエンゲージメントを毀損した状態で入社させる事になる。

　理想の配属とは内定者が最も希望するかつ活躍可能性が高い組織に配属し、内定者のポテンシャルを最大限まで引き出しバリューを創出できるメンターをアサインすることだが、育成観点上組織によって最大配属可能人数は異なるため現実的ではない。

　配属業務でよくある流れは、まず内定者の希望を聞く事から始まるだろう。内定者に対してどのような領域、拠点で業務を行いたいのか、自身のキャリアをどのように検討しているのかをヒアリングする。

　配属組織についても同様に、どのような嗜好を持つ内定者を求めるのか、受け入れ可能最大人数は何人かをヒアリングする。内定者から得た情報と配属組織から得た情報を元に最終的な配属先を人が考えながら決定する。

　筆者は、株式会社リクルート住まいカンパニーの2018年新卒入社の社員を対象にテクノロジーを使った新卒配属のマッチングモデルを構築した。

この時の基準は配属先の領域候補（マンション仲介業者向け営業や注文住宅販売業者向け営業など）において、過去入社者から活躍社員の特徴を抽出し、内定者の段階で得られる情報と照らし合わせた上で活躍の可能性を機械学習を用いて計算する、いわば「事業領域との相性」と、領域内のマネージャーとの相性を計算する「上司との相性」の2つの数値を全内定者に対し計算する。

　その後グループの配属上限人数や個人の希望を制約として加え、全体最適になるよう計算を回す。得られた結果を元に最終的に人事が違和感を持たないかをチェックし、実際の配属発令を実施した。

　配属を機械学習によって行った事の成果を正確に振り返るのは難しいが、少なくとも今回、配属先ミスマッチ起因によって1年以内に離職した従業員は0であった。

　ここで重要なのは機械学習というHRテクノロジー（の手法）を使った事が本質ではなく、これまで基本的には人間（人事）の定性な判断によってのみ実現していた配属業務を、定量の世界に変換した上で計算によって、すくなくとも同等かそれ以上の性能を出したことが本質である。配属における不確実性を踏まえても、一部の判断を人間から機械に移しても問題がないという一次結果が得られた。

　さらに定量の世界に配属タスクを変換したことで、定量の世界で使われる統計モデリングや機械学習の知見を配属業務の世界に投入することが実現した。これは、新卒配属業務が定量指標をとにかく改善するタスクへと変換された事を意味する。
　これはCOBITでいうレベル3から4への進化が実現し、業務プロセス改善を定量指標を元に常に実施できる状態が実現したということである。

| 成熟度レベルと意味 | プロセス状態 | 複雑度の低下内容 | テクノロジーの活用例 |
|---|---|---|---|
| 0: 存在しない | 不完全 | 複雑さが観測不可能 | テクノロジーを入れることを目的にせず、まずはその業務をやってみる |
| 1: 初期・アドホック | 実施済 | 複雑であることが観測可能 | コミュニケーションコストを低下させるソリューション |
| 2: 繰り返し可能だが直感的 | 管理済 | 業務の複雑性を口頭により伝達可能 | データ蓄積手段の導入・RPA |
| 3: プロセスの定義 | プロセス確立済 | 業務の複雑性をドキュメントにより伝達可能 | BI等のデータ可視化ツール・RPA |
| 4: 測定可能 | 予測可能 | 業務の複雑性を定量的にコントロールすることが当該業務に限り可能 | 機械学習・統計モデリング |
| 5: 最適化 | 最適化 | 業務の複雑性を定量的にコントロールすることが、当該業務に関連する複数の業務と協調し可能 | システム境界を柔軟に取り扱うツールのフルスクラッチ開発 |

### エンゲージメントサーベイ

　エンゲージメントサーベイとは国内を中心としたリクルートグループ各社において半年に1回実施する、組織コンディションを測るためのサーベイである。

　2011年当初、リクルートは全社的にソフトウェアエンジニアやWebサービスの企画業務のような、いわゆるIT系職種を総合職とは異なる形式で新卒を採用し始めた。

　今までの企画系・営業系に加えIT系職種の正社員が増え、会社が正社員に求めるスキルも仕事内容も多様で複雑化するが、一人ひとりにマッチする配置や育成環境を検討する上で、組織の現状を正しく客観的に把握するための手法や体制が整っていなかった。つまりCOBITの成熟度モデルでいう、

レベル0の段階である。

　そのため、HRテクノロジーを入れる前に、まずサーベイを取得する事に集中をした。匿名での組織満足度調査はこれまでも実施されていたが、回答結果を個人と紐付ける形でサーベイを実施することで、給与情報や考課情報といったその他の人事データとの組み合わせ、様々な切り口での分析が可能になった。

　この取り組みにより経営に対して現状の従業員（もしくは組織）のコンディションを可視化し、同業種の海外企業や類似業務を実施しているeNPSスコアの高い別組織と比較することで組織開発のプランニングに活かすことができた。また、組織長に対し組織別の集計だけでなく職種・年次・雇用形態別で分析結果を共有し、多様なメンバーのマネジメントにおける最適解を模索する一つの方針を確立した。

　リクルートグループ各社の人事は組織の分析を通じて経営や現場マネジメントに第三者からの視点で提案を行うだけでなく、サーベイ結果を個人にまで分解し変化を見にいくことで社員のキャリア開発支援やタレントマネジメントにも活用することができ、取り組み幅が広がった。

　リクルートではエンゲージメントを測る指標にeNPSを採用することで社内外の企業や組織を超えた同じ属性間での比較・分析が可能になった。
　NPSとはNet Promoter Scoreの略で製品やブランドに対する信頼度合いを測る指標である。eNPSはEmployee NPSの略で、従業員の企業ないしは組織に対する信頼度合いを測る指標で、eNPSのスコアが高いと従業員の生産性が高い傾向にあるといわれている。
　リクルートではeNPSスコアに加え「上司との関係」「同僚との関係」「仕事の中身」「今後の成長」「働き方」「事業戦略」「評価報酬」といった項目に

関するサーベイを同時に取得し、影響度を計測している。

　このサーベイを継続して実施し、引き継ぎや業務の型化を実施することでエンゲージメントにおいて成熟度がレベル1からレベル2へ進化した。

　当初は人と組織の変化をリアルタイムで把握し、その時々で適切なアクションを検討・実行するというサイクルを頻度高く回せるようになることを想定し実施していた。しかし、実態は職種や組織横断でのプロジェクトなど各属性別の業務環境の実態を知るのに必要な情報がすぐに集計・分析し得る形になっていなかった。

　かつ、整備するための人事のケーパビリティや工数もなく、前後の工程に時間がかかり過ぎてしまっている。そのため現在、後述するデータ基盤と連携しつつサーベイの業務自動化を実施している最中である。これは成熟度モデルでいうレベル3への進化である。

| 成熟度レベルと意味 | プロセス状態 | 複雑度の低下内容 | テクノロジーの活用例 |
|---|---|---|---|
| 0: 存在しない | 不完全 | 複雑さが観測不可能 | テクノロジーを入れることを目的にせず、まずはその業務をやってみる |
| 1: 初期・アドホック | 実施済 | 複雑であることが観測可能 | コミュニケーションコストを低下させるソリューション |
| 2: 繰り返し可能だが直感的 | 管理済 | 業務の複雑性を口頭により伝達可能 | データ蓄積手段の導入・RPA |
| 3: プロセスの定義 | プロセス確立済 | 業務の複雑性をドキュメントにより伝達可能 | BI等のデータ可視化ツール・RPA |
| 4: 測定可能 | 予測可能 | 業務の複雑性を定量的にコントロールすることが当該業務に限り可能 | 機械学習・統計モデリング |
| 5: 最適化 | 最適化 | 業務の複雑性を定量的にコントロールすることが、当該業務に関連する複数の業務と協調可能 | システム境界を柔軟に取り扱うツールのフルスクラッチ開発 |

　eNPS自体は世界的に使われている指標であるため、社内外の組織においてeNPSスコアが高い企業をベンチマークし、良い結果につながる要因系項目の特徴は何かを見に行くことができる。

　特にリクルートのように変革スピードが早く環境変化が激しい企業の場合には、同じ組織における経年変化をみているだけでは現状の組織で何が起こっているのかを特定しづらい。だが、同じ形態の組織や同一業種・職種間でモデルケースを設定し、その中で何がエンゲージメントを上げるキーになっているかを分析することで、今の組織に必要なアクションが特定しやすくなる。

　さらに何年か実施してデータが蓄積されることで、組織開発をすすめる組織においてどのような改革プランを実行し、その結果どのくらいの期間でど

ういった変化があったかということが定量的にわかるようになってきている。

　本格活用はこれからだが、先行事例から学び予測をするということも出来るようになる。つまりレベル4までエンゲージメントサーベイを進化させる事が現在のリクルートの人事組織のアジェンダの一つに位置づけられている。例えば退職リスクの予測モデルと組み合わせると、退職可能性が高まってきている従業員を早期に発見することができ、彼ら・彼女らの悩みや問題の解消につながり、退職可能性を低下させる施策を実施することができる。

　これは人事におけるLTVの向上における定性価値向上施策のリソース配分最適化と言い換える事ができる。LTVとはLife Time Valueの略で従業員のLTVは従業員の定量・定性両面の創出価値を在籍期間で積分した値となる。
　定量価値の単純な例は営業の月間売上がわかりやすく、定性の創出価値はナレッジシェアやマネジメントのような定量では測れない価値といえばわかりやすいだろう。

　一般的にナレッジシェアの活発化やマネジメントの改善は組織コンディションを改善する傾向がある。弊社の一部組織では組織長とメンバーに週一回、仕事の充実度、馴染めているレベル、前向きレベルを点数とコメントを取得するサーベイを実施している。複数拠点を統括する組織長が現場の組織状況を逐一キャッチするための良いツールとして利用することで、eNPSのスコアが未導入組織と比較して20％向上し、退職率も激減したという事例もでてきている。

## 成熟度モデルを向上させる推進剤としてのデータ基盤

　社内で構築すべき最も重要な機能が人事データ基盤と考える。
『データサイエンティスト養成読本ビジネス活用編』(著:高橋 威知郎、矢部章一、奥村エルネスト純、樫田光、中山心太、伊藤徹郎、津圧真樹、西田勘一郎、大成弘子、加藤エルテス聡志　技術評論社) から引用すると、人事データは次の5つに分類される。

- 人事データ
    - 性別・年齢等の属性データ

- 業績・評価データ
    - アンケートデータ
    - 健康診断データ

- デジタルデータ
    - メール・カレンダーデータ
    - チャットデータ

- 施設関連データ
    - 入退館記録

- 行動記録データ
    - センサー情報
    - ウェアラブルデバイスのログ

　上記の本の中では人事データは取得難易度が高いためまずはコミュニケーションログから分析を始める方がよい、と記載されているが本質的には従業

員が生み出す情報を全て一元化する事が理想的と筆者は考える。
　しかし、前述の通り人事に関連する社内システムはレガシーなものが多く様々なSIerの支援の中、おいそれと変更できないのが実情である。

　人事業務は他の分野と比較し施策のフィードバックサイクルが極めて遅い事も前述したが、それはつまり人事業務で生成されるデータは他の分野と比較し単位時間あたりの生成量が少ない事を意味する。
　この特性を逆手にとると、取りうる戦略は既存の人事関連システムの横にデータ抽出システムを構築し、データ抽出システムから人事システムに接続しデータを抽出、適切な整形を施したのち何らかのデータベースにデータを集約する、いわばサイドカーパターンを取る事が当社では現実的かつ効率的である。

　この戦略をスピーディーに実現するには、人事内にソフトウェアエンジニアを配置しエンジニア主導で基盤を構築すると関係各所との調整が少ない。
　なぜならば、人事データを分析する事は人事の専門知識が求められるが、前述のデータ連携に特化するとそこは不要になる。
　また、非人事組織に人事データを渡す必要も無くなり、情報管理の面でもメリットが生まれる。

　システムを構築するインフラの調達コストが劇的に低下した事もデータ基盤構築ハードルを低下させる大きな理由である。
　Amazon Web Services（AWS）等のクラウドサービスが普及する以前、特に人事システムや経費システムといった社内システムを構築・運用していたころは、データセンターを借り、ハードウェア調達・OSインストール等を経てようやくアプリケーションを構築することができた。
　AWS等のクラウドサービスによりインフラ調達コストが低下したことで開発者は本質的なアプリケーション開発に専念することができる。

クラウドの利用についてはセキュリティレベルの低下に繋がるリスクを提唱する人もいるが、クラウドベンダーが保守運用するハードウェアレベルはPSI-DSSのようなクレジットカード情報セキュリティの国際統一基準を取得しており、自前で構築するより高いセキュリティレベルを提供しておりテクノロジー観点において人事データのクラウド蓄積は特に問題にならない。

　リクルートでは2017年10月から人事データ基盤をAWS上で構築している。AWSを選定した理由は前述の通りリソース調達コストが低いこと、ベストプラクティスが大量にあること、権限設計が柔軟なことである。
　人事がアドホック分析で利用する時のBIツールとしてTableauを導入した。理由は機能が豊富なこと、リクルート内のユーザーコミュニティが存在することの二点である。

　このデータ基盤には、現在、人事基礎情報（育成議論、考課等）・アセスメント情報（SPI等）・サーベイ情報が自動連携されている。その時のメンバー構成はプロジェクトマネージャー1名、エンジニア3名の合計4名、コストは人件費込みで1000万円程度でデータ基盤の根幹を構築した。

　繰り返しになるが、人事データ基盤を構築する最大のメリットは分析用データソースの一元化であると考える。
　従業員の生成するデータは人事・総務・情シス・経理と多岐にわたる。
　当然部署は分かれているので複数のデータを組み合わせて分析する場合、多大な調整コストを必要とするため、実施が難しかった。

　人事データ基盤が存在することで、従業員が生成するデータは全てそこに蓄積することとなり、人事のデータ調達コストは圧倒的に低下する。加えてデータベースに保存することで、SQL（補足：リレーショナル・データベー

スに蓄積されたデータを取得・更新したりデータの定義を行うための言語）でデータを抽出することが可能になるためデータサイエンティストがExcelに疲弊することはなく、普段から慣れている抽出方法でデータを抽出することができる。

　特にHRテクノロジーのツールを導入する際、組織情報や人事情報を導入対象ツールに連携する必要が出てくる。
　従来は既存の人事システムに人手でアクセスし、データをダウンロードした後、導入対象ツールにデータをインポートしていたが、人事情報や組織情報のメンテナンスに伴うミスが発生する上、単純作業のため非常にモチベーションの湧きにくい業務の一つであった。
　しかしデータ基盤上にデータが存在する場合、データ連携コストが圧倒的に低下するためHRテクノロジーのツールの導入および検証作業を高速に実施することが可能になる。

　一方データ基盤を構築すると、SQLやBI（補足：ビジネスインテリジェンス。データを分析・可視化することでビジネス上の意思決定支援のためのツール）といった今まで人事が使って来なかった技術の知識が必要となる。リクルートでは人事向けにデータ基盤を十分に活用できるよう、SQL100本ノックやBI勉強会を人事向けに開催し、人事内のスキル向上のための取り組みを実施している。

　スタートアップではビジネスサイドもSQLを当然のように書いているが、同じように人事もSQLやBIを当然のように使いこなせる状態が実現すれば、データサイエンティストに依頼する以前に仮説検証を人事自ら実施できるようになり、施策量を増やせるのではないか。

　また、今までの人事は集計済みデータを見ながら施策立案を行うケースが

多かったが、生データを自身で集計・分析した上で施策立案する方が施策の幅が広がる事が多い上に課題がよりシャープになるケースが多い。

　人事業務における意思決定精度を高める観点でも、SQL や BI を使いこなし人事自らがデータを眺めながら課題を特定する業務が今後の人事には求められるかもしれない。

## 人事組織が明日からできる事

　ここまでで HR テクノロジーが着目を浴びつつも導入することに苦戦している企業が多い理由、HR テクノロジーを導入する際の検討フレームとして COBIT の成熟度モデルの利用が有効であると思われることを、筆者が属しているリクルートの事例を挙げながら紹介した。

　とはいえ実際に HR テクノロジーのツールもしくはソリューションを導入するために明日から人事組織は何をすればよいのだろうか？　次項で具体的に人事にはどのような変化が必要なのか筆者の経験を踏まえ紹介する。

## 成熟度を上げるには何をすべきか

　前述のとおり、成熟度をむやみに上げる事が企業運営上必ずしも正しい事ではない。自社の投下可能コストと現状を適切に評価し、テクノロジー導入を検討する業務の成熟度をどの水準まで引き上げるかを検討しなければならない。

　ただ、これも前述のとおり、この作業において必要となるスキルは今まで人事業務のみ従事していた人にとっては非常に難易度が高いものであることも事実である。

　緻密な人事制度を構築する、有望な採用候補者をアトラクトする、集合研修を実施するというような従来の人事業務とは、根本的に求められる知識や

経験が異なるためだ。

　データ基盤となると、ソフトウェアエンジニアリングの多岐にわたる知識が求められる。ピープルアナリティクスを導入するならば、統計の知識も求められる。

　もちろん人事自らがその知識や経験を身につける事が理想の形であるが、なかなか現実的ではない。

　その時におすすめしたいのは、各分野の専門性を有する人材を人事組織に招き入れる事だ。
　筆者の属するリクルートでも人事組織に他分野のスペシャリストを専任で配置し、かつそのスペシャリストに自由度をもたせつつ、人事組織として求める状態を構築するパートナーとして業務を推進させる。

　自社内でそのような人員を調達できるのが一番良いが、もし社内にそのような人材や機会がない場合は社外のベンダーとそのような連携の形を実現できると良い。

### 最初に仲間にするのはプロダクトマネージャー

　どのようなスペシャリティを持つ人材を順に自組織に入れていけばよいのか？　これは筆者の持論だが、プロダクトマネージャーを1名入れる事が初手である。

　プロダクトマネージャーとは『The Product Manager's Desk Reference』（著：スティーブン・ヘインズ）によると「製品、製品ライン、あるいは製品ポートフォリオのレベルでのビジネス・マネジメント」を指す。

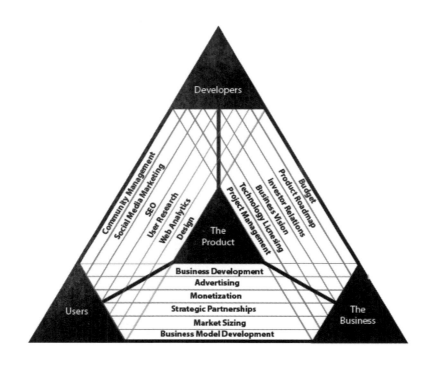

　ただこの定義では抽象的すぎるため、Web アプリケーションにおけるプロダクトマネジメントを前提とすると、プロダクトマネジメントは上記の三角形に記載されている内容をプロダクトの成長を阻害しないよう欠けている項目を埋める、もしくは領域横断的な業務の進行を担う職責である。

　人事を例とすると三角形のうち Developers が開発者、つまり HR テクノロジーのソリューション開発を行うスペシャリストと変換できる。
　The Business は経営、Users は従業員、採用プール、アルムナイ等が対象となるだろう。中央の The Product は人事組織がこれらステークホルダーに対して価値を創出する種々の取り組みといえる。

　なぜプロダクトマネージャーが必要なのだろうか？　これはプロダクトマ

ネージャーが多様な経験を積んでいる、もしくは知識を有している事が前提に立脚している。

　人事業務経験者のみ集まった人事組織に別のケーパビリティを有するスペシャリストを投下しても、当のスペシャリティを発揮する以前に解決しなければならない課題が山積みであることが多い。

　彼らのスペシャリティはそのスペシャリティを発揮するための環境が整って初めて満足に発揮されるが、最初からその様な状況であることは非常に稀であるからだ。

　例えばデータサイエンティストの場合、データサイエンスでよく利用される機械学習モデルを作るだけでなくモニタリングやデータ収集などが存在することによる価値のレバレッジが大きいが、プロジェクトマネジメントや要件定義等の業務も担わざるを得ず、十分に価値を発揮できていない状況もよく耳にする

　一度に大量にスペシャリストを配置してドリームチームを構築することも当然非現実的なので、取りうる選択肢はスペシャリストほど当該分野に専門性は持たないものの「プロダクト」という視点を元に各種ポートフォリオの最適化及びロードマップ策定を行えるスペシャリストとしてプロダクトマネージャーを配置するのが最も効率がいい。

　プロダクトマネージャーという職責自体はプロジェクトマネージャーと混同されるケースが多い。
　プロダクトマネージャーは「何故やるのか？」、「何をやるのか？」を決定する役割でプロジェクトマネージャーは「いつまでにやるのか？」、「どのようにやるのか？」を決定する役割である。
　しかし、プロダクトマネージャーを戦略的に育成する企業が少ないため、日本において彼らを人事に異動させることは難しいかもしれない。

その場合は、やはりまずはプロジェクトマネジメントのスキルを有する人材、もしくは外部の人事コンサルを入れる事を狙うのがよいだろう。

プロダクトマネージャーに比べるとロードマップ策定の解像度が荒くなる可能性があるが、それでも今後舗装する道を示す人が存在するだけでHRテクノロジー導入のハードルが下がる。

ロードマップ策定後に、ようやくデータサイエンティストを入れるのがよいかというとそれもまた異なると筆者は考える。次はサーバーサイドのソフトウェアエンジニアである。

### プロダクトマネージャーの次に仲間にするのはデータサイエンティストではない

データサイエンティストが使う手段の一つである機械学習は「高利子のクレジットカード」に例えられる。機械学習はデータから何らかの規則を抽出するアルゴリズムだが、当然「データ」に依存してしまう。

特に人事データに限定すると、人事データがどのように生成されるのかをシステムから制御することは不可能である。

ソフトウェアエンジニアリングでは、よく技術的負債という表現が用いられる。機能追加に伴いシステムの複雑性が増加し、理想の状態からシステムが離れてしまっている状態を指す。

ソフトウェアエンジニアリングにおける技術的負債の解消はリファクタリングやテストのような負債回収手法が存在するが、機械学習においてはデータが負債増加の一因となりそれらの解消手段では足りない。

そのため、ソフトウェアエンジニア不在でデータサイエンティストを投入する場合よく起こるのが、単発のデータ分析業務に職務が限定される場合と

構築したモデルが運用されず一瞬で負債化するかのどちらかである。

　前者の場合はデータサイエンティストの職責にあっているが退職予測や配属といった定常的に計算結果を必要とする業務には不適である。
　チームとして継続的に価値を発揮するにはデータサイエンティストが人事データを分析し、モデルを構築した結果を常に提供する環境を構築する事が先決だろう。

　実は機械学習は機械学習の専門家でなくてもプログラミング経験があれば実践できるほど敷居は下がってきている。
　Scikit-learn という機械学習を効率的にプログラミングできるライブラリ（プログラミングを行う時に頻発する表現をまとめたもの）が無料で提供されている。
　プログラミングは一般的にデータサイエンティストよりソフトウェアエンジニアの方が得意なことが多い。またデータサイエンスにおいて何らかの予測モデルを構築する時、モデルの比較基準となるベースラインを必ず設定する。

　これらの条件により、データサイエンティストをいきなり入れるよりソフトウェアエンジニアを入れた方が課題の解決範囲の広さ、および技術的負債の管理の観点で利点が多いと筆者は考える。そして、ソフトウェアエンジニアを入れた後にデータサイエンティストを入れるのがよいだろう。

## 仲間にする順番と成熟度モデル

　上記で人事組織に別の専門性を有する人材を仲間にする事、その順番は①プロダクトマネージャー、②ソフトウェアエンジニア、③データサイエンティストと説明した。この順は実は COBIT の成熟度モデルと対応している。

まず、組織がレベル1もしくは2に位置づけられているとする。必要なのは複雑な状態をコントロールするためのコミュニケーションツールの導入や業務内容の定義である。目指すレベルが3以上の場合はシステム導入および構築も視野に入れる必要がある。

そのため、HRテクノロジー担当に求められるのは、人事の提供するソリューション全体をプロダクトとみなし、今後提供可能なソリューションを見定めつつ、目先で必要な業務を効率化することである。これはWebアプリケーションで言われるプロダクトマネージャーそのものである。

このロードマップに従い、次はさらなる業務効率化及びデータの基盤を構築する。これはソフトウェアエンジニアの職責にフィットする。

業務効率化が進むと業務自体が測定可能なレベル4に到達することができる。ここでようやくデータサイエンティストが投入され、定量指標の改善活動に専念することが可能になる。

レベル5の最適化フェーズではまたプロダクトマネージャーが活躍する。自身が担当するプロダクトから拡張し、他の領域の状況を知り、集まったそれぞれのスペシャリストのスキルを組み合わせながら全体最適になるよう、組織構造を組み替える事も視野に入れつつ業務を進化させる責務はプロダクトマネージャーに適任である。

この段階から心理学者など人事と関連するスペシャリストを仲間に迎え入れる事で進化の幅がまた広がるであろう。

これはコンウェイの法則を逆手に取った手法である。
コンウェイの法則とは「システムを設計する組織は、その構造をそっくりまねた構造の設計を生み出してしまう」というシステムアーキテクチャで言

われる経験則である。

　HRテクノロジーは人事が利用するシステムのリアーキテクト（再設計）そのものである。人事だけでシステム構築及びツール選定が行えないにもかかわらず、人事のみで結成されたHRテクノロジー導入プロジェクトが頓挫することはコンウェイの法則より明らかである。

　日本企業における情報システムは人事系や経理系といった機能ごとにERP（補足：企業運営上必要な情報管理を一気通貫で提供するソリューション）を導入する傾向があると言われている。その結果もたらされるのはシステムの分断であり、今後のデータ活用のために必要なのはデータの共用化である。

　特にリクルートのようなボトムアップを推奨する文化を持つ企業では様々なシステムが生み出されては消えを繰り返す結果、つぎはぎの多いカオスなシステム群となることが多い。
　ここで取る戦略は目指すアーキテクチャに見合う組織構成に変更する、いわば逆コンウェイ戦略と呼ばれるものである。

　ビジネスがコンウェイの法則に従わざるを得ないならば、従う以前に狙ったコミュニケーションを組織内で行えるよう組織を変えてしまうという行為である。
　このようなソフトウェアエンジニアの職責における知見は実は人事に適用可能な概念も多いため、参考文献が役に立つと思われる。

## これからの人事は何のケーパビリティを持つ必要があるのか

　前項では成熟度を上げるために人事担当者以外のスペシャリストの力を使う事の有効性を説明したが、いわゆる人事担当者については取り上げてこな

かった。我々人事担当者は不要なのか？　それは違う。

　異なるスペシャリストを繋げるハブもしくは課題を発掘する役割として、人事はHRテクノロジーのツール及びソリューション導入において非常に重要な役割を担うと考える。
　具体的には下記の3つのケーパビリティを人事が持つ事が必要だと考える。

・業務プロセスの可視化スキル
・プロジェクトマネジメントスキル
・統計スキル

　COBITの成熟度モデルのレベル4以降のHRテクノロジーの導入には下記の4つの役割が必要だと考える。

1. 業務プロセスを開き、誰がどのような業務を行い、アウトプットを創出する係
2. 基礎集計を実施する係
3. 基礎集計を元に、ステークホルダーに対し価値提供をするために実装する係
4. 構築したアウトプットを業務に装着する係

まず業務観点から上記4つの役割を見ていこう。

　1.と2.は、HRテクノロジーを導入する以前にそもそも何が課題なのか特定する作業である。これを行わずにHRテクノロジーを導入する場合、人事の感覚的な課題感に則った導入となる。すると課題を解決できる可能性は人事の感覚の精度に依存してしまい、人事のスタープレイヤーしかHRテクノロジーを導入できない事になってしまう。これは感覚的に間違っていること

は明らかだろう。

　3.はHRテクノロジーを導入する際の運用負荷を低減させるための作業である。これを行わずにHRテクノロジーを導入する場合、雪だるま式に運用工数が膨れ上がってしまう。具体的には従業員の入退職情報、組織改編情報、従業員の所属情報を常に手作業でアップデートし続けることになってしまう。

　4.はHRテクノロジーを実業務に装着し、実利を得るための作業である。4.を実施して初めて人事としてHRテクノロジーを導入する効果が得られる。

　次にケーパビリティの観点から4つの役割を見ていこう。

　HRテクノロジーの導入とそこで得られる効果検証を元に、我々が最終的に実現したいことはテクノロジーによる継続的な価値創出である。そのためには様々な課題の中からHRテクノロジーによって解決でき、かつインパクトが最も大きな課題を特定する必要がある。1.はそのための課題特定作業といえる。

　4.はまさしくHRテクノロジー導入プロジェクトと位置づけられるため、必要なケーパビリティはプロジェクトマネジメントそのものである。
「プロジェクトとは、独自のプロダクト、サービス、所産を創造するために実施する有期性のある業務」とPMBOK（補足：Project Management Body of Knowledgeの略でプロジェクトマネジメントの国際標準のガイドブック）上で定義されているが、日本においてはプロジェクトマネジメントを体系的に学ぶ機会が少ないのが現状で、無期業務をプロジェクトと呼称しているケースも散見される。
　人事業務では制度改定や新卒採用業務はプロジェクトに位置づけられるが、プロジェクトマネジメントとして捉える人事担当者は多くないのが現状であ

る。

　2. と 3. はソフトウェアエンジニアやデータサイエンティストの職責のため、人事がケーパビリティを装着するコストは 1. と 4. と比較し非常に高い。
　そのため、人事担当者はまず業務プロセスの可視化とプロジェクトマネジメントのケーパビリティを身につける事で、取りうる選択肢が非常に増える。
　例えば昨今流行している RPA（Robotic Process Automation）は既存の業務プロセスのうち、定型作業をソフトウェアが自動化するための取り組みである。RPA は業務プロセスの可視化が最も重要な業務であるため、これらケーパビリティを身につければ人事担当自ら RPA プロジェクトを推進することが可能になる。

　また、業務プロセスを開き課題を特定、特定した課題を解決するための手段として HR テクノロジーを検討すれば、課題特定を間違えない限りある程度の打率で HR テクノロジー導入プロジェクトは上手くいくだろう。

　これらケーパビリティを身につけた後は、統計スキルを身につけるとよいと考える。なぜなら一定程度の統計スキルを身につければ誤った推論に導かれるケースが格段に減るからだ。
　人事の中で最も言われるのが相関と因果の違いである。どちらも「両者に関係がある」ことを指すのだが、相関は双方向、因果は単方向である。

　例えば採用選考において、抽象化思考力とフレームワーク思考力という 2 つの評価項目を 5 段階で見ているとしよう。
　1 回の採用選考で抽象化思考力とフレームワーク思考力の相関を見た所 0.98 と出た。この時人事担当者は何をすべきだろうか？　取りうる選択肢は質問内容を再考する、どちらかの評価項目をなくすなどが例として挙げられるが、具体的にどちらの評価項目をなくすかは相関だけでは判断ができな

い。

　例えば抽象化思考力を先に聞き、フレームワーク思考力を聞き、聞いた後即時に点数化している場合、もしかすると抽象化思考力の点数に思考が引きずられ、フレームワーク思考力の点数を抽象化思考力と似た点数をつけているのかもしれない。
　この場合フレームワーク思考力を評価項目から取り除き、抽象化思考力の配点を再検討する事がまずはじめに行う事である。

　面接終了後にまとめて採点する場合、予め面接官の頭の中には合否が決まっており、それに即した点数付けをした結果、面接官の脳内で抽象化思考とフレームワーク思考が混ざっているのかもしれない。
　この場合、人事が意図した面接になっていないケースがあるため面接官へのトレーニングの実施、もしくは質問内容を再考することがはじめに行うことである。

　統計スキルは日本統計学会が主催している統計検定の2級を取得していれば十分である。統計検定2級は大学基礎レベルの統計学の知識の習得度と活用のための理解度を問うために実施される検定である。

　出題範囲はデータの分布、データの収集、推測、回帰分析と、人事が知っておいて損はない基礎的な統計学の知識を網羅している。
　当然準1級やその上を目指すことは歓迎されるが、人事において目指すべき水準としては難易度が高すぎるので、まずは2級合格を目安に勉強するのがよいだろう。

## HRテクノロジーは経営からの問いに応える武器なのか

　本章ではHRテクノロジーを「人事の複雑性・煩雑性をテクノロジーによって対応する方法」と定義したが、ここで得られる果実は業務効率化による人事の可処分時間の増加である。

　そのためHRテクノロジーの導入は経営からの問いに直接応える武器ではなく、あくまで人事の思考時間を増やすための手段の一つであり、HRテクノロジー導入が目的化した瞬間、導入プロジェクトが失敗する可能性が高くなると言われている。

　しかし人事は定型業務や季節性の業務が多く思考を要する業務へ割く時間が少ないことが常態化しているのも事実であり、解消するためのテクノロジー導入が目的化してしまうこともある種納得ができる。

　ただ、HRテクノロジー導入は旧来の人事だけで果たすことは難しいのでソフトウェアエンジニアやプロダクトマネージャー等別のケーパビリティを持つメンバーを仲間に引き入れ、チームとして推進する必要がある。
　人事と経営が一体化し企業の成長にコミットするために、人事自ら業務プロセスの可視化やプロジェクトマネジメントのようなケーパビリティを装着しつつ仲間を募るという、全くテクノロジーが関係しないアナログな事を着実に行うことこそ、HRテクノロジー導入の近道だろう。そして既存業務の効率化により、従業員や経営に対して向き合う時間や人事にとって新しいケーパビリティを獲得する時間を追加で創出することができる。それにより、何らかの課題を解決するためのリードタイムの削減や、それに伴うフィードバックサイクルの短縮化がもたらされる。結果的にHRテクノロジーを触媒として組織や自らのアップデートに活かせれば幸いだ。

**【参考文献】**

進化的アーキテクチャ ──絶え間ない変化を支える
(https://www.oreilly.co.jp/books/9784873118567/)

データサイエンティスト養成読本ビジネス活用編
(https://www.amazon.co.jp/dp/B07JNLX5C4/ref=dp-kindle-redirect?_encoding=UTF8&btkr=1)

HRテクノロジーで人事が変わる
(https://www.amazon.co.jp/dp/B07GV4GCDP/ref=dp-kindle-redirect?_encoding=UTF8&btkr=1)

レガシーソフトウェア改善ガイド
(https://www.amazon.co.jp/dp/B01MSLAFPT/ref=dp-kindle-redirect?_encoding=UTF8&btkr=1)

日本統計学会公式認定統計検定2級
(http://www.toukei-kentei.jp/about/grade2/)

The Product Management Triangle(https://productlogic.org/2014/06/22/the-product-management-triangle/)

COBIT5 ISACA(http://www.isaca.org/cobit/pages/default.aspx)

エンジニアリング組織論への招待
(https://www.amazon.co.jp/dp/B079TLW41L/ref=dp-kindle-redirect?_encoding=UTF8&btkr=1)

A guide to the Project Management Body of Knowledge (https://www.amazon. co.jp/Project-Management-Knowledge-PMBOK%C2% AE-JAPANESE-ebook/dp /B079PTFDG9/ref=sr_1_2?s=digital-text&ie=UTF8&qid=1543633565&sr=1- 2&keywords=PMBOK

COBIT 5 and the Process Capability Model. Improvements Provided for IT Governance Process (https://kgk.uni-obuda.hu/sites/default/files/06_ Pasquini_Galie.pdf)

**コラム④**　　自分のキャリアは自分で作る！
# キャリア・オーナーシップ

弁護士<br>
白石紘一

　AI、ビッグデータ、IoT、ロボットに代表される第4次産業革命やグローバル化の進展により、産業構造や社会環境は大きく変化しており、これらの変化は、企業のみならず、働き手に対しても影響を及ぼしている。

　また、『LIFE SHIFT』（リンダ・グラットン、アンドリュー・スコット著、東洋経済新報社）において、「2007年に日本で生まれた子供の半分以上が107歳まで生きる」と述べられているように、人生100年時代の到来が予測されている。

　本コラムでは、そのような中で、働き手個人が、自身のキャリアに対してどういった意識で向き合うことが必要となるかについて検討された、経済産業省及び中小企業庁が2017年～2018年に開催していた「我が国産業における人材力強化に向けた研究会」の報告書（以下、「報告書」という）の内容を簡単に紹介したい。

## 1　人材の「OS」、キャリア・オーナーシップ

### (1) 今起きている変化

　別コラムでも触れたとおり、第4次産業革命やグローバル化の進展は、企業のビジネスモデルに大きな影響を与えている。

　企業においては、一層の"イノベーション"が求められるようになり、"言われたとおりのことを粛々とこなす"ことの付加価値は、相対的に低下している。「AIによる雇用の代替」といった議論も、主にはそのような働き方に

対してなされることが多いように思われる。

　また、特にエンジニアの世界で顕著であるが、スキルの"賞味期限"も短縮化しており、同じスキルで長く食べていくことは、徐々に難しくなりつつある。社会や産業の変化スピードが速まっている中で、時代に応じて、スキルを自ら随時アップデートできる人材が求められるようになっている。

　さらに、人生100年時代においては、"20歳前後までは学校で学び、60歳～65歳前後までは働き、その後は引退して余生を過ごす"という、寿命が80歳前後であることを前提としたいわゆる3ステージ制の人生モデルは、当然のものではなくなる。「働く」ことと「学ぶ」ことの一体化とともに、個人個人がその時々の状況に合わせて、今自分が何をするのかを判断することが重要となってくる。

**（2）キャリア・オーナーシップの必要性**
　こういった社会の変化に対応する形で個人がキャリアを構築していくためには、個人一人ひとりが、「自らのキャリアはどうありたいか、如何に自己実現したいか」を意識し、納得のいくキャリアを築いていくための行動をとっていくこと、すなわち「キャリア・オーナーシップ」を持つことが必要となる。
　特に、「人生100年時代」の中では、キャリアは企業からただ与えられるものではなく、自ら作り上げるべきものだという認識、キャリア・オーナーシップが不可欠であろう。
　自らが置かれたその時々の状況に応じて、様々な働き方の中から自らの働き方を選択していくことが必要となる。また、今後自分がどのように活躍したいのかといったビジョンに基づいて、どのようなスキルを獲得するべきかを判断していくこととなる。

　このキャリア・オーナーシップは、自分らしく働き、自らの能力を発揮し

ていくための"基盤"であり、いわば人材としての「OS」の一つである（「OS」には、社会環境の変化の速さにも即応できるような"変化への対応力"のようなものも含まれるであろう）。

これに対し、語学力や専門知識といった"スキル"は、いわば「アプリ（アプリケーション）」であるといえよう。

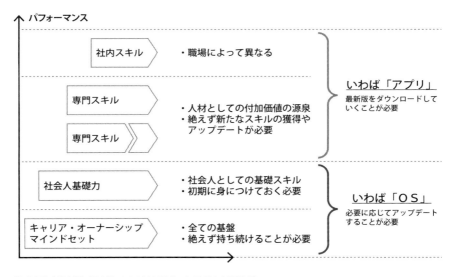

（出典：経済産業省「我が国産業における人材力強化に向けた研究会」報告書）

「OS」のアップデートを行うことに加えて、技術や産業の最新の動向を踏まえた知識・スキル、つまり「アプリ」を最新の状態にアップデートする学び直し（リカレント教育）が重要である。

### (3)「OS」のアップデート

それでは、どのようにして人材としての「OS」をアップデートすることができるのか。重要なものとして報告書で触れられているのが、兼業・副業（複業）・出向などによる"経験・キャリアの複層化"と、"リフレクション（振

り返り、見つめなおし）"である。

　前掲『LIFE SHIFT』においては、人生100年時代を生きる人たちが、その過程で大きな変化を経験し、多くの変身を遂げることになるにあたって必要となる資産（「変身資産」）として、①自分についてよく知っていること、②多様性に富んだ人的ネットワークをもっていること、③新しい経験に開かれた姿勢を持っていること、が挙げられている。
　こういったものを得るためには、従前と異なる環境へ身を投じることによって、マインドセットのカスタマイズや、スキル・人脈の複層化を図っていくことが重要であろう。
　この「従前と異なる環境へ身を投じる」方法として、兼業・副業（複業）・出向などが有用なのである。

　また、働き手個人が、得られた経験を自らの血肉（能力・スキルなど）にし、成長に繋げていく上では、社会の状況等を踏まえた自分の強みや弱みを認識し、自分自身や得られた経験についてリフレクション（振り返り、見つめなおし）を行うことが重要である。これは、種々の機会において、働き手自身が常に意識をして取り組むことが最も有効であり、また、企業で働く中でも、上司との「対話」によってリフレクションを行っていくことも有効である。

## 2　企業が働き手のキャリア・オーナーシップを伸ばしていく必要性

　働き手が自身のキャリアを企業にゆだねずに、自ら判断するようになることは、企業にとっては、離職者の増加につながり、競争力を低下させるというデメリットをもたらすと言われることもある。
　こういった発想は、働き手は自らの職業人生のすべてを企業に捧げるものであり、それこそが企業と働き手の双方の幸せにつながるという、ある種の伝統的な雇用観・働き手への価値観を前提としたものであるといえよう。

しかしながら、社会環境の変化を背景に、働き手個人のみならず、企業もまた、働き手に対する考え方をカスタマイズすることが必要である。

　すなわち、まず、第4次産業革命を背景として、産業構造やビジネスモデルが大きく変化する中で、国際競争に打ち勝つために、日本企業が最も意を配らなければならないのは、非連続的な成長（イノベーション）であるところ、モノでもカネでもなく、「人材」こそがイノベーションの源泉である。企業は、人材がイノベーションを生みやすい環境を整えなければならない。

　また、人口動態を背景として、人手不足が今後より顕在化する中で、「労働量」とともに、「質」（＝生産性が高い、新たな成長・経営戦略に対応できる等）の伴った人材を確保・育成し、いわば「人材」のROA（Return On Assets）を最大化することが必要となってきている。

　このような背景の下、企業・組織が成長を続け、競争力を維持・強化していくためには、ダイバーシティ＆インクルージョンの実現、すなわち、多様な人材の一人ひとりが、それぞれに成長・活躍できる環境を整えていくことが極めて重要である。
　これまで以上に、企業には、画一的な人事管理・育成制度ではなく、積極的な人材投資と柔軟な人事制度・公平な評価制度の設計が求められる。

　また、環境変化やスキルの賞味期限が早期化・短縮化する中でも、自社の働き手に活躍し続けてもらうためには、対話によって、働き手のキャリアの方向性と自社の方向性とをそろえつつ、働き手自らが積極的に学び・成長するように促すことが肝要である。そもそも従業員個人の意識の高まりなしには、企業としても上記のような時代の変化に対応しきれないといえる。
　企業の役目も、成長機会の提供や自律の支援へと変化する必要がある。

こういった、個の尊重や成長機会の提供等を図る「個人が成長・活躍できる企業」こそが、個人に選ばれる魅力的な企業となり、結果として「エンゲージメント」や「リテンション」も高まり、競争力の基盤が強化されることとなろう。

　個人の自律性を高め、かつ、自社の魅力向上やその発信、ビジョンの浸透等によって"自律的な個人に選ばれる企業"となることで、「消極的選択」ではなく「積極的選択」を促し、エンゲージメント・生産性向上の好循環を作っていくことが肝要といえよう。

## 3　終わりに

　変化する時代の中で、働き手自身も変わり（学び）続けることが必要である。「成長主体である個人」として、自らのキャリアプランに応じて、多様な「学びの場」や「活躍の場」を自ら選択し、自らを高め続けることが重要となってこよう。

　そして、企業もまた、働き手に対し、「雇用し続けて守る」だけでなく、「社会で活躍し続けられるように支援する」ことが求められており、人事による多様な機会提供や評価制度の再設計、研修等を通じて、「キャリア・オーナーシップの醸成」や「キャリア開発支援」を積極的に行うことで、企業の成長（優秀な人材の獲得、生産性の向上など）に繋げていくことが必要である。

第 **6** 章

# HR ツール、ベンダー、コミュニティの今後の展望

株式会社ワンキャリア
**寺口浩大**

## 15秒サマリー　文：北野唯我

**＜何が書いてあるか？＞**

この章では、HRに関するツール・ベンダー・勉強会など、日常的なタスクに関することが書かれています。

企業が、HRの外部サービスを使う際に注意すべきなのは大きく2点です。1つは「そのサービスのアクティブ数（＝どれぐらい実際に使われているか）」です。たとえば、採用のサービスであれば、会員数よりも、アクティブな会員数でみる、などです。あるいは、ツールであれば、そのサービスを導入している会社数ではなく、実際にそのサービスを使っている会社の声を聞く、などです。

もう1つは「自社の担当者のレベル」です。特に人材会社は事業の特徴上、参入障壁が低く、担当者によってレベル差が大きいこともあります。そこでこの章でおすすめしているのが、「人づてに、優秀な担当者を紹介してもらうこと」です。社内にいる人間から評価の高い担当者を紹介してもらうことで、ばらつきを抑えることができる、と語ります。

**＜どういう人にオススメか？＞**

このパートはHRに関する日常的なタスクに興味がある方向けです。
主に以下の読者を想定しています。

- 人事担当者になり、ツールやベンダー、勉強会など、何から始めていいのかわからない人事
- 人事向けコミュニティを始めることを検討している会社の方

## 目的別！このページを見よ！

6 − 1　明日から使える「ツール／ベンダー／人事コミュニティ」
　　　　利用マップ
　　　　　→ 236 ページ

6 − 2　HR バブルが生み出した大量の HR ツール
　　　　　→ 240 ページ

6 − 3　ベンダーとの付き合い方
　　　　　→ 247 ページ

## 6-1 明日から使える「ツール/ベンダー/人事コミュニティ」利用マップ

### 集まり始めた人事たち

　知っているだろうか。最近は毎晩のように、人事系のイベントが開かれていることを。

　人材系の会社ではなく、人事担当者自身が主催しているイベントである。

　筆者は元々人材会社の営業をしていたが、人事担当者のホンネが知りたかったため、営業職を辞め、いち採用担当者として、1年間で50以上の人事系のイベントに参加した。

　1年間も参加し続けていると、勉強会では古株になってくる。「初めて社外のイベントに来ました」という人も多かった。

　理由は2つで、今までは人材会社が営業目的で開催するものが主流であったこと、外に出るのがあまり一般的でなかったことがある。全ての勉強会がそうだとは言わないが、集まることが目的となっているものが多くあるのが現状である。また、最近に至っては、「イベント登壇」と「ツイッターフォロワー数」の話が増えてきた。すぐに手段を目的化してしまう。

　この章では、HRのツール、ベンダー、コミュニティについて整理してまとめる。

　これらの情報に効率よくアクセスでき、自社や自身に合うものを担当者が見つけられれば、必要な情報を入手し、自分の仕事に集中できると考えている。

## ツール／ベンダーについての現状整理

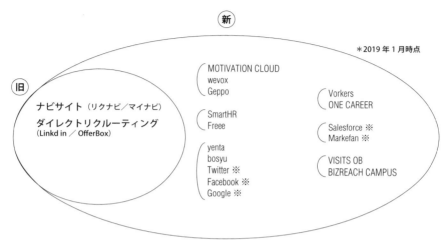

## コミュニティについての現状整理

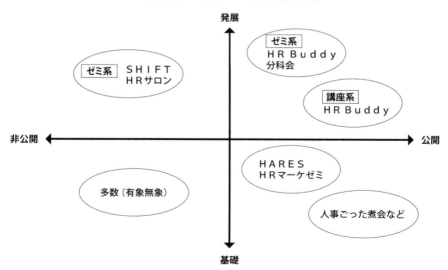

第6章 HRツール、ベンダー、コミュニティの今後の展望

## イベントでの話題は Why（課題）／How（施策）／What（ツール）のうち What 中心

　ここでは、人事コミュニティが開催するイベントでどんな話がされているのかを書きたい。

　まずイベントには公開型と非公開型がある。公開型は誰でも参加可能のものであり、非公開型は招待制で声が掛かるものだ。公開型イベントの特徴は、有名な人事が 1 時間ほど前で話し、それを聞いた後にテーブルごとに 30 分ほどちょっとしたワークを行う。

　その後懇親会で 30 分ほど名刺交換を行い解散する。公開型のイベントに参加していると、フェイスブックの非公開コミュニティやイベントに招待されることがある。自身に合った非公開コミュニティやイベントへ招待されるポイントは大きく 2 つある。①ワークや発表時の存在感の発揮と、②懇親会での課題と施策のシェアである。特に懇親会の会話は重要だ。多くのイベントに参加した中でよくある会話内容を以下に記した。

　▼良くない例
　「あの人とつながっています。お世話になっています」
　「あの人材会社しつこいですよね」
　「あそこの人事は微妙ですよね」

　▼良い例
　「長期インターンをやってみたいけど、現場が受け入れてくれなさそうです。どうやってるんですか？」
　「辞退者がたくさん出てしまうのですが、囲い込みをしていると学生に思われたくない。フォローはどのようにしていますか？」
　「想定している候補者が応募してくれません。こういった候補者にきてほしいのですが、どのような訴求内容を打ち出していますか？」

「若手の育成において、社内で責任があいまいです。採用担当は何年ほど責任を持つか社内で決めていますか？」

## 公開イベントと非公開イベントの違い

両者の違いはシェアされる情報の濃さと生々しさである。特に公開型のイベントでは、ツールの話題が多い。ツールの話が多い背景として、課題や施策（特に課題）については奇特性の高い情報が多いため、闇雲に共有することが難しい。最初から最後までツールの情報交換に終始しているものも多くあった。

背景としては、HR系のメディアは営業目的なので偏った情報が多く、「生の情報が入手しにくい」こと、参加している人事担当者が自社の課題を把握できておらず、「外で相談できる課題」を自身の中で整理できていないことにある。

結果、オープン型の勉強会で出会った担当者たちはレベル別に非公開勉強会を開き、それぞれの粒度で情報交換、議論を行う。それぞれの課題について、どのような施策が効果的か議論する場もあれば、自社の施策を出し合う会、ツールについて情報交換をする会があるが、量で言えばほとんどが施策とツールのシェアに終始しているのが現状である。

## 6-2 HRバブルが生み出した大量のHRツール

### HR系のツールが次々と生み出される背景にあるHRバブルと、HR部門の目利きの弱さ

#### HRバブルが起こっている理由

　昨今、HR市場は順調に伸長している。実際に、人材会社は2018年に最高益を更新している。

　主な理由は、①転職者数が増加していること、②HRテクノロジー企業の新規参入による新市場が発生していることだ。

　終身雇用制度疲労や、個人のキャリア観の多様化、様々なツールの発生による転職の心理障壁／行動障壁の減少を背景に雇用は流動化しており、転職者数は増加している。また、転職潜在層も増加していることから、今後も転職者数は増加する事が見込まれる。

　また、採用、育成、評価、労務等において200を超える様々なHRテクノロジーのツール／ベンダーが発生している。これらは他分野でのテクノロジーの発展を横展開したものや、海外のモデルを輸入したものが多い。また、働き方改革を国が後押ししていることもこれらの市場が拡大している背景の一つとして考えられる。

　様々なツール／ベンダーが多く発生している中で、採用担当者にはそれらの特徴を鑑みて、自社での活用方法を考える必要がある。大量に発生したツールに対して、どのように判断を行えばよいのか。現状陥っている課題と、判

断ポイントを解説する。

## HR 部門が価値のないツールを掴んでしまう理由

　HR ツールやベンダーの数は市場規模の適正値より多いように見える。
　なぜ彼らは生き残れるのだろうか。それは、提供サービスの質が高くなくとも、生き残っていける仕組みが整ってしまっているからだ。

　具体的には、①人事担当者がサービスの競合優位性をビジネス観点で見抜けないこと。②（特に新卒採用サービスにおいては）効果測定に 1 年スパンかかること。③サービス購入以前にそのサービスのクオリティを調べる方法（フェアなメディア）がないことなどが原因である。

　例えば、人事担当者の多くは、新卒から人事に配属されているか、営業を数年行い人事に配置転換された人が多い。コミュニケーションに長けている担当者は多いもののビジネスモデルの評価と ROI 観点、計数処理について専門性を持っている担当者は極めて少ないように思える。
　サービスやツールを評価する際に、モデルを理解すれば、なぜそのサービスが強いのか、今後持続的に競争力のある（使える）サービスなのかがある程度わかる。

　例えば、新卒採用においてメディアを選定する際には、PV、流入数に加えてアクティブ率等のエンゲージメント指数を確認することはマーケティング部門の担当者なら当たり前に行っているが、採用担当者は会員数の確認と、エントリーの見込み数しか確認しない場合が多い。メディア選定のためのフレームワークを知らない担当者が多いのが現状である。

　かつて採用サービスのセールスを行っていた際、「昨年度うまくいったの

で、今期も予算は削られてしまいました。この予算内でよろしくお願いします」と言われたことがある。この言葉にはいくつか大きな問題が隠れている。「うまくいったとはどういうことですか」と聞くと「人数で、学校別／男女別／文理別にたてたKPIを充足した」ということらしい。「予算内でお願いします」という話もおかしい。

　また、これは毎年のことなのだが、夏にインターンの告知がしたいと言われた際に、「○○さんの方が安くて人数を約束してくれるのでそちらにします」と言われることがよくあった。決まってその年度の最後に「人数が足りません、なんとかならないでしょうか」と同じ担当者から連絡が相次いだ。とにかく目の前で開催されるイベントの集客人数を充足させることに躍起になり、後半で大量に辞退が出て駆け込む。これを毎年やっている。

## なぜ、学習できないのだろうか

　それは、HR部門が今まで使ってきた予算はほぼ全て消費によるものだったからである。
　掛け捨てのメディアに費用を垂れ流し、イベントに工数と出展費用を垂れ流し、接触人数を確保し安心しては、誰をどのようにフォローすればいいかわからず、とにかく会って同じ話をする。正直、当人たちも言うように会わなくていい人にも会っている。

　辞退者がなぜ辞退したかを確認し、どこに勝ってどこに負けた、のか、なぜそうなったかを分析していることもあまりない。学生の本音は、人間力によって信頼を得ることで聞き出せると思っている。HRマーケティングと口をそろえて言うものの、マーケティングの基本のリサーチ、つまりターゲットの行動分析や競合分析もほとんど実行できていない。

正直、リクルートは頭が良かった。人事部門にビジネス観点、マーケティング観点がない人間が多いと察した彼らは、便利なナビサイトをつくり、更に人事部門を考えない部門にした。元リクルートで30年前から時代をつくってきた人の多くは事業会社の役員などに就いている。

　彼らとよく昔話をするのだが、導入交渉については決まって社長と直接行ったという。人事部門に直接話しても何も進められないことを知っていたからだと。あれから、60年間マーケットも人事担当者のレベルも大きくは進化していないのではないだろうか。

## ベンダーの集客方法に対する理解

　以前、「初期費用で1000万円近く払って、一人も入社しなかった結果そのベンダーを出禁にしてやった」と自慢気に話している担当者がいた。「恥ずかしくないのかな」と思った。確かにそのベンダーはダメだったかもしれない。だが、そのベンダーに投資判断を行う際に、必要な事項は確認したのだろうか。

　例えば、候補者を集める方法は確認したのだろうか。面談でどのように紹介しているのかを確認したのだろうか。
　中には高学歴の学生向け限定で複数のブースにチェックインすれば図書券やアマゾン券など数千円分を渡しているところもある。そのような「アルバイト感覚」の学生の頭数だけ揃えてイベントが成り立っているように見せているベンダーがあることを知っているだろうか。

　成果報酬が100万円のA社と200万円のB社があったとき、学生の人格否定をし、どうすればいいかわからなくなった学生に「お前はここでしか活躍できない」と刷り込み、紹介をしているベンダーがいることを知っているだろうか。裏にあるビジネスモデルの仕組みを確認せずにベンダーと付き合

うことは人事担当にとっては自殺行為である。

　しかし、それを確認しようとする人事担当者は少ない。目の前のイベントに何人呼べるか、エントリー数を充足できるか、という自転車操業で採用活動を行っているうちは、このような「足元の頭数だけ揃えられる」ベンダーに付け込まれて、大切な採用予算をドブに捨てることになる。

## 採用単価の考え方

「うちは採用単価20万円なので」といった人事担当者に詳細をきくと、年間30回のイベントに出展しているとのことだった。イベント出展工数すらコスト計算していなかったので、一緒に棚卸しと計算を行うと採用単価は100万円を超えた。とにかく忙しいのでなんとかしたいと言いつつも、イベントで顔を見ないとわからないからイベント出展にこだわりたいと。

　顔を見る方法はイベントしかないのだろうか。

　実際その会社の担当者は辞退数に困っていた。志望度が高く、ターゲットになり得る候補者に効率よく会い、「なんとなく」の候補者に使った時間を彼らのフォローに分配すれば結果は変わっていたかもしれない。毎回イベントでは同じ話をすると言う。定量的な会社紹介についてはコンテンツに任せてしまえばいいのではないか。

　そこで、エンゲージメントが高まった学生と初めて会い、理解度が深まった時点でリアルの時間を設定し、更にエンゲージメントを高める場にすればよいのではないだろうか。「忙しい」のは事実だ。だが、「忙しい」の多くは、知恵で解決できるはずである。

## コンテンツは中から外へ

　最近話題の採用広報についても同様のことが言える。人事担当者はブログを書くことが多い。「ブログが読まれた！　ランクインした！」と言っている裏で、自社の従業員からなんと言われているか知っているだろうか。ベンチャーの社員とよく話すことがあるが、「うちの採用担当がお化粧記事ばかり書いているけど、実態は違う。会社のリアルを書かないと結局ミスマッチが生まれてしまうのに、なぜあのような表面だけのきれいな記事を書き続けているのか。理解できない」などと、お化粧記事をやめて欲しいというクレームがよく届く。

　最近「銀行らしくないひとに会いたい」というメガバンクの採用メッセージが話題になった。結局現場からは「そんな人を入れても現場で扱えない」と言われ、市場からも「そういった人を扱う覚悟と仕組みはあるのか？」と非難されるものとなった。この採用施策に対しては、みな「失策だよね」と言っていたが、本質的にやっていることは変わらないのではないだろうか。

　では、どうすればよいか。

　採用担当の方々には、以下をお勧めしたい。中長期的なパートナーとなり得るベンダー選択の上では、彼らのビジネスモデルをチェックすること。マーケティング部門の担当者にベンダーを判断する際に確認している指標などを共有してもらうこと。その忙しさは、コンテンツで解決できないか考えること。採用広報施策で作っているコンテンツは社員のエンゲージメントを下げて、ミスマッチを誘発するものになっていないか見直すこと。

　具体的に、まずは以下の方法を試して欲しい。

- PV、セッション、ユニークユーザーの違い、CVR、CPA、CTR、MAUなどの基本的な指標、エンゲージメント指数の測り方／改善方法等、マーケティングで使用される基本的な指標や、コンテンツの作り方、広め方などをマーケティング部門の担当者に聞きに行く
- それらがHRサービスでは何に相当するのかを考え、質問をつくり、各ベンダーに聞く
- 作成したコンテンツは社外に出す前に、社員がどのように感じるか確認する。社員が自身を持って広めたくなるコンテンツはどのようなものかすり合わせる

　大切な予算と時間を無駄にしないためにも、ビジネスモデルの理解と、コンテンツやマーケティングに対する理解、現場社員の本音に対する理解を深めることが急務である。

##  6-3　ベンダーとの付き合い方

### 問い合わせフォームは警戒

　私自身、HRベンダーに勤務しているとおもしろい事象がある。採用担当も兼ねているため、採用担当者とよく話をするのだが、彼らはサービス検討を行うときに私にFBメッセンジャーで連絡を入れてくる。会社の問い合わせフォームがあるのにもかかわらず、セールスの人間を紹介して欲しいというのだ。

　印象的だった出来事は、あるITベンチャーの採用担当を紹介したいと、複数人から連絡があったときだ。背景を聞くと、フェイスブック上で「ワンキャリアの人とつながっている人がいたら紹介してください」という投稿をしていたそうだ。

　どうして会社の問い合わせフォームから連絡しないのか確認したところ、彼らは口を揃えて「紹介経由でないといい担当者がつかない」と言う。背景には営業担当者のレベルがまちまちで、微妙な担当者がついた結果、嫌気が差すといったことは業界では当然であり、サービスと同じくらい担当者の質を重視しているという。そして、紹介経由の方がいい担当がつくというのも業界では当たり前の共通知であるということのようだ。

### 営業マンのクオリティがサービスブランドを毀損する

　よく言われた話であるが、人材業界においては特にこれが大きい。

知り合いの人事によると、以下のようなことは日常茶飯事だという。

- とりあえず挨拶させて欲しいと何度も営業電話をかけてくる
- テレアポが鳴り止まないので基本的に居留守を使っている
- メールで要件を伝えてほしいとお願いしても電話をやめない
- 50件の営業電話に出て、自社課題に対するソリューションを求めたところ誰も答えられなかった。「要件は？」と聞くと「イベントに出て欲しい」と言われた
- 会社の事業内容を調べてこない
- ATSという言葉を知らない
- 既存導入サービスで機能の問い合わせはなかなか返ってこないが、その返答の前にDMを買ってくれと言われた

　これらは一部だが、ただでさえ忙しい中、自分本意な営業行為に対して相当なストレスを抱えているという。
　「サービス自体は好印象だったが、担当が失礼でサービスに対する印象が悪くなった。営業数字のことしか考えていないことが明らか」という話があるなど、SI（サービスブランド）を構築しているにもかかわらず、現場の営業が原因で、サービス自体のディスブランディングを引き起こしている事例もよくある。

## どうすれば有能な担当者と仕事ができるか

　知り合いの人事担当者はこう言った。

　「いい担当者と仕事をする方法は簡単だ。採用がうまくいっている会社の人事担当にその会社の担当を紹介してもらうだけ。だから、人事同士の横のつながりは大事で、更に自身が紹介されるに足る人事でなければ、実力のある

人事には相手にされないし、実力のある人材の営業は紹介してもらえない。もちろん自分も、この営業を紹介して信頼が壊れないかというのは気にする」

有能な担当者と仕事をするには、自身もそれ相応のレベルになっておく必要がありそうだ。

「人材の営業が頼りない」とボヤいている人事担当者をよく見るが、もしかするとそのハイレベルな紹介ネットワークにまだ入れていないのかもしれない。人事界隈での自身のプレゼンスを高めることは、ハイクオリティなパートナーと仕事を共にできるチャンスの一因となりそうだ。

事実、新卒、中途に限らず、人材会社の有能な担当者は希少性が高いため引っ張りだこである。彼らはすでに忙しい。
すでにこのようなリファラルのマーケットは存在しており、筆者のところにも、有能な担当を紹介して欲しいとの問い合わせが後を絶たない。候補者と同じように、待っているだけでは自社の望むパートナーには出会えない。

今後、組織の課題はますます「物が売れない」から「人が採れない」にシフトしていくだろう。この流れを読み、有能な人材会社の人間と予め信頼関係の構築をしておくことをオススメする。
「人材会社なんて掃いて捨てるほどあるから、とりあえず来た人間を上からジャッジしていく」という担当者もいるが、同時に自分自身のレベルもジャッジされていることを意識しておく必要がありそうだ。なぜなら狭い業界なので、人材会社の中でもその担当者のレベル感は共有されているからだ。

## 人事コミュニティに参加すべき？　コミュニティに参加するメリット

もしあなたが、自社の課題に対する施策が思いつかず困っており、現場で

の成長感がないのであれば、「参加すべき」だと考える。

　但し、自社の状況にあったものを選択し限定する必要がある。意味のない集まりも多く見受けられるが、そのような遊びの集まりに行って学んだ気になっているくらいなら、自社の社員と1on1などを行い悩みを聞いてあげたほうがいいのではないだろうか。他の会社の社員から「人事は最近集合写真ばかり撮って遊んでいるけど実際何をしているんですか？」と聞かれることがよくある。もう一度、何のためにコミュニティに参加するのか考えたほうがいい。

　コミュニティに参加するメリットは2つ。

・持続的に気軽に相談できる人事の仲間をつくれること
・自社の課題にあった施策を打つうえでのヒントを得られること

　どんな人と繋がっておけばよいか、どのようなテーマであれば自社の課題解決のためのヒントを得られるかを念頭に置いて参加することをおすすめする。イベントに参加したあとには、アクションが決まっている状態が理想である。

### 一定のレベルを超えるとクローズドコミュニティでしか会えない

「人事の集まりはだいたい意味がないから、よほどでないかぎり参加しないようにしているんですよ」

　先日あるメディア主催の非公開で行った人事コミュニティの初回のキックオフイベントに来ていた上場企業の採用マネジャーはこうこぼした。その集まりには、錚々たる顔ぶれの経営者、採用マネジャー、PRマネジャー、経

営企画室の人間も参加していた。全体で30名ほどだった。

　人事コミュニティを作る側の人間も、「コミュニティのブランドを毀損しないように厳選して呼んだ」という。コミュニティのマネジャーは言う。「マーケットからの評価が高くない人に、ここに出入りしていると発信されると、微妙な集まりだと思われてしまうので、僭越ではあるが、厳選してお声がけさせていただいている」と。仕方ないことである。

### まずはオープンコミュニティに参加しよう

　人事コミュニティを俯瞰してみると、①参加メンバーが固定化しているもの、②リピートも多いが新しく参加するメンバーが絶えないもの、③リピートがなく、常に新しいメンバーが参加しているものの3つに大別されるように見える。

　おすすめはもちろん②である。理由はそのようなコミュニティは大体運営がうまく行われており、最小限の時間投資で有益な情報収集と、持続的な信頼関係を構築できる担当者と出会える可能性が高いからだ。もし、あなたが今から人事コミュニティをうまく活用しようとしているなら、抑えておくべきポイントを紹介したい。

- まずは健全な新陳代謝が行われているコミュニティに参加して、自身の組織の課題を解決するために繋がるべき人は誰かを探す
- レベルの高いメンバーが課題について仮説をもって議論しているコミュニティを探す

## コミュニティ活用のポイント

参加した際は、自社のフェーズと課題感が似ている企業の担当者数名としっかりと話したほうがよい。稀ではあるが、人事コミュニティの中には、主催者が企業の特徴や担当者の特性を把握し、コミュニティ内で「合いそうな人」を繋げてくれるコーディネーターとしての機能を持ったものもある。

今後継続的に情報交換したい担当者を見つけたら、①どうすれば自分と自社を理解してもらえるか、②どうすれば自分が情報やノウハウを持っていてギブの精神があることが伝わるか、を意識して短時間で可能な限り信頼関係を作ることを意識して欲しい。

満遍なく名刺を配るよりは、今後も長期的に付き合えそうな人にしっかりと自分を売り込むのだ。そうすれば必要な情報や必要な出会いはその人たちが提供してくれる。

自身も複数のコミュニティに参加しながらコミュニティを運営しているが、コミュニティは運営側にいる方が圧倒的に効果的である。参加者情報が一元化されてわかるうえ、自分を知ってもらえる機会も作ることができ、先に機会を提供してギブできることで自然に情報などを返してもらえるからだ。但し、コミュニティをつくったり運営したりすることは容易ではない。次パートでは、コミュニティの立ち上げ、運営のポイントをいくつか紹介する。

## 成功するコミュニティの作り方
## コミュニティを機能させるために必要な要素

多くのコミュニティに参加し、自身でも複数のコミュニティのデザインやプロデュースを行ってきた。その中で気づいたことがある。持続的に成功しているコミュニティには共通する要素がある。それは、①ビジョンの存在、②良質なコンテンツ、③共同生産者を生む仕掛け、である。

一例を紹介する。

あるキャンペーンで自社の内定式を開示するムーブメントを仕掛けた際に、自身で運営するコミュニティの力を借りた。その際にはコミュニティ内で「就活を自由なものにする」というビジョンを示し、そのために、「キャンペーンに呼応したアクションの数を最大化する」という共通目標を設定した。

中心には、なぜこのキャンペーンを仕掛けたかという背景（Why）のコンテンツを置いた。コンテンツにはWhyコンテンツ／Howコンテンツ／Whatコンテンツの3種類があるが、共感を生むためには（Why）コンテンツが必要である。それぞれの定義とこの事例における具体例を以下に示す。

Whyコンテンツ
定　義：なぜそれをやるべきなのか
具体例：現状、就活は不自由な状態であり、髪型や服装だけでなく個人の意思までもが縛られている。一方で就活において、学生は個人の意思や本音を言いたくても言えない構造的な問題がある。これを解決しなければ若い才能が意思を持つことなく社会に出続けることになる。

Howコンテンツ
定　義：どのようにしてやるのか
具体例：まずは、当時（内定式シーズン）において、実際にどのような服装や髪型で行けばいいのか悩む学生に対して、企業側が実態を開示する必要がある。企業側からの開示のアクションで、学生が本音を言える環境をつくる。

Whatコンテンツ
定　義：具体的になにをやるのか
具体例：実際に実際の内定式の様子の写真と、人事本人から内定者や就活生への各企業のスタンスを表明する。

　コンテンツで共感をつくることができれば、次は、共感者が自主的に共同生産者になってくれる仕掛けをつくる。共感者が共同生産者になるためにはいくつかポイントがある。①そのコミュニティ内で影響力のある人には個別に連絡を行い、アクションを事前に起こしてもらっておくことで心理的安全性を担保すること。②最低限の具体的アクションの例を明示して行動障壁を低くすること。

## 人事コミュニティのつくり方の例

　人事コミュニティに置き換えて考えてみる。

　例えば、「同じ課題を持った人事担当者が気軽に相談しあえる環境をつくる」であれば、中心に置くコンテンツは「課題に応じた施策の事例集」であり、共感者を共同生産者に変える余白は「その事例集について詳細をみるためには、自社の課題と施策を提供すること」というコミュニティ内ルールを設定する（※ルールは強制感をできるだけ排除し、自主的な雰囲気をつくる。貢献報酬には感情報酬と機会報酬、ポジションの報酬などがある。これらをできるだけノンバーバルメッセージで伝え、コミュニティ内の空気を間接的に醸成する）。

　あとは、web上である程度の情報共有をしたうえで、テーマ別にイベントを立ち上げ、それぞれの課題と施策について対面でしか話せないことを話す。web上での貢献度合いに合わせてリアルイベントへの参加優先度を変

えるなど貢献に対する機会の報酬を与えることも必要である。

　貢献報酬の考え方は成功しているクラウドファンディングを研究することをオススメする。Whyに共感していることが必要条件にはなるが、共感者の自主的貢献意欲を高めることができれば、コミュニティ内に更にコンテンツが持続的に貯まり、それが資産化した際に、他のコミュニティに対する差別化要素となりえる。

　持続的で生産的なコミュニティができることによって、人事担当者が健全に情報交換ができる信頼関係を効率的に築ければ、人事部門の進化を加速することができるのではないか。そう願っている。

## コラム⑤　フリーランスは企業の救世主！
# 企業におけるフリーランス活用

弁護士<br>白石紘一

　2017年3月に政府が決定した「働き方改革実行計画」では、「柔軟な働き方がしやすい環境整備」と題する項目の中で、フリーランスのような働き方について、（長時間労働を招くことのないよう留意しつつ）その普及を図っていくことが重要であるとしており、また、法的保護の必要性についても検討をするとしている。

　フリーランスをめぐる議論については、発注者との関係における立場の低さを原因とした、報酬の不当な低さや発注内容の一方的な変更など、フリーランス側の視点に立った議論が多いが、企業としても、その競争力を維持・強化する観点から、フリーランスを適切に活用していくことがますます求められるようになっている[1]。

　経済産業省が2016年〜2017年に開催していた「雇用関係によらない働き方に関する研究会」では、個人・企業・社会のそれぞれの観点から、フリーランス活用の必要性やそれに向けた課題等について議論がなされた。
　本コラムでは、同研究会の報告書（以下、「報告書」という）をベースに、企業におけるフリーランス活用の要諦について簡単に触れる。

## 1　企業におけるフリーランス活用の必要性

　企業において、フリーランスを活用していくことが必要となっている大きな背景としては、急激な産業構造の転換とビジネスモデルの変化がある。

2000年代以降、消費市場や労働市場、情報圏のグローバル化／オープン化／知識経済化等の構造変化が進展したことに加え、AI・ビッグデータ・IoT・ロボットの普及に代表される「第4次産業革命」の進展により、ビジネスモデルは大きな変化を余儀なくされている。

　"大量製造・大量販売"はもはや勝ちパターンではなく、"イノベーション"が求められるようになり、また、必要なスキルの分化・深化が進み、専門スキルの希少性・重要性がますます高まっている。さらに、企業や業種の壁を超えて、広範なプレーヤーが参加する競争時代に突入している[2]。

　こういった変化に対応するためには、すべてを自社で賄おうとする「自前主義」では限界がある。
　なぜなら、分化・深化が進む専門スキルを社内人材のみでまかなうことは、今後ますます困難になるためである。また、イノベーションは、既存の知とまた別の既存の知とを組み合わせることにより生まれるとされているところ、"別の既存知"については、ともすれば同質的になりがちな社内人材ではなく外部人材によりもたらすことが有用であろう。

　この点、フリーランス等の外部人材をすでに活用している企業に対する調査[3]（以下「企業向け調査」という）においては、「フリーランス人材（アウトソーシング）の活用により、企業が得られると考える効果」として、主に「必要な技術・ノウハウや人材の補完」「従業員の業務量・業務負担の軽減」「売上高の増加」といったものが挙げられた。

　また、現在すでに外部人材を活用している企業に対し、今後の活用状況の展望を質問したところ、今後活用を減らしていくと回答した企業は1社もなく、他方で、41％が今後活用をさらに増やしていくと回答しており、実際

に外部人材を活用した企業においては、十分な効果が実感されていると考えられる（なお、今後活用をさらに増やしていくと回答した企業のうち、9割以上が、「期待した効果又は期待した以上の効果が得られた」と回答している）。

各企業には、変化する社会環境に柔軟に対応し、その競争力を維持・強化するために、これまで以上に、外部人材も含めたリソースを上手に活用する形で、自社の人材ポートフォリオを組んでいくことが求められているといえる。

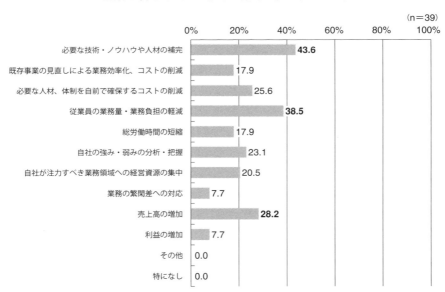

フリーランス人材（アウトソーシング）の活用により、企業が得られると考える効果（いくつでも）

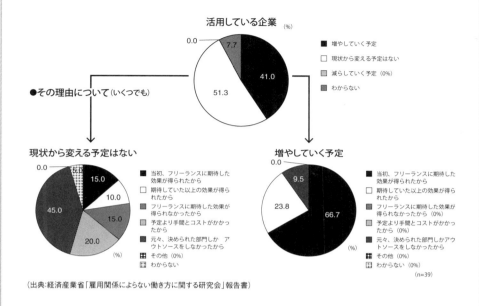

（出典：経済産業省「雇用関係によらない働き方に関する研究会」報告書）

## 2 どのようにフリーランスを活用するか

　企業向け調査によると、フリーランス人材を「活用している」と回答した企業は１８．９％に留まり、他方で、「現在活用しておらず、今後の活用も検討していない」と回答した企業は４７．６％と、半数近くに上った。
　このように、企業による積極的活用は、十分に進んでいるとは言いがたい状況である。

　企業がフリーランスを活用するにあたってのボトルネックには、様々なものがあろうが、報告書においてボトルネックの１つとして挙げられていたのが、「そもそも外部人材に業務をアウトソースできるような社内体制となっていない」という点である。
　これは、大きくは３つの要素からなる。

1つ目は、①「社内の業務を切り出す体制の未整備」である。

　外部に業務をアウトソースするには、そもそもアウトソースする業務を特定しなければならないため、業務の切り出しが必要となる。

　しかし、従来の日本企業においては、いわゆる「無限定職務正社員」に代表されるように、ジョブ・ディスクリプションが未整備であり、個別の社員が行う業務を特に定めないなど、業務を切り出す体制が十分ではないことが多い。

　また、これに起因して、特定の職務ごとにあげた成果に対する評価基準が確立していないため、アウトソースをしたとしてもその業務の成果を適切に評価できないというケースもあろう。

　2つ目は、②「発注スキルの不足」である。

　すなわち、そもそも企業側（発注者）側が、発注に際して、求める成果物の内容を十分にフリーランス側に伝えきれておらず、これにより、企業側からは成果物への不満足、フリーランス側からは度重なる差し戻しへの疲弊を生むこととなる。

　3つ目は、③「個人と契約する体制の未整備」である。

　特に大企業において顕著であるが、法人化していない個人との間では、社内規定上、業務委託契約を締結できないこととしている企業が多い。

　その理由としては、主に、「個人だと信用（資力やキャッシュフロー、あるいは事業継続性や納品物の品質）が担保できない」ということが挙げられているようである。

　また、個人と契約する場合に生じる、企業側のバックオフィス業務が煩雑であるため、そのコストに鑑み、契約締結を避けがちになるとの声もある（例えば、契約書式の個人向け修正、与信確認、新規口座のチェック、マイナンバーや源泉徴収関係作業等が生じる）。

企業としては、フリーランスを活用していくにあたって、これらのボトルネックを乗り越えていく必要があろう。この点、企業内業務の見える化・切り出しや、業務単位での成果評価手法を確立することは、上記ボトルネックの①のみならず、②の解消にもつながり、さらに、業務効率の健全化や、労働生産性の向上、長時間労働の是正にも寄与しうる。

　そのような見直しを進めることは、外部人材を活用しやすくするのみならず、企業全体にとって有用である。

　また、上記ボトルネックの③であるフリーランスに対する信用上の不安を解消する方法としては、契約の間にプラットフォーマーを挟むという方法も考えられるであろう。

　本コラムでは、フリーランス活用の効果とともに、活用を阻害するボトルネックも挙げたが、いずれにしても重要な点は、「まずは一度依頼してみる」ということである。

　報告書でも、企業にとって、外部人材の利用は、一度経験しさえすれば、課題解決に向けた積極的な選択肢の一つになりうることが示唆されており、そういった姿勢も必要になってくると思われる。

---

## 【コラム⑤　注】

（1）なお、本コラムでのフリーランスの「活用」は、当然ながら、不当に低い契約条件でフリーランスから"搾取"するようなものは含まない。フリーランスが働くにあたっての環境改善が必要であることについては、別途、報告書をご参照いただければ幸いである。

（2）例えば、トヨタ自動車株式会社の 2018 年 3 月期決算発表（2018 年 5 月 9 日）において、豊田章男社長は、「自動車産業は今、『100 年に一度』と言われる『大

変革の時代』に突入しております。ライバルも競争のルールも変わり、まさに『未知の世界』での『生死を賭けた闘い』が始まっているのです。」と述べ、自動車会社ではなくテクノロジーカンパニーが新たなライバルになっている、としている。

　https://www.toyota.co.jp/pages/contents/jpn/investors/financial_results/2018/year_end/speech.pdf

（3）経済産業省平成 28 年度産業経済研究委託事業（働き方改革に関する企業の実態調査）

コラム⑥　AI活用で注意するポイント

# HRテクノロジー導入時における留意すべき法規制

弁護士<br>白石紘一

　本書では、様々な箇所で、人事業務におけるデータ分析等のいわゆる「HRテクノロジー」の活用例や手法が紹介されている。これだけ多様な活用例が紹介されているとおり、テクノロジーの活用は高い効用を有する。

　今は一部の先進事例にとどまっているかもしれないが、そう遠くないうちに、HRの世界においてもテクノロジーを活用することが当たり前のことになるであろう。
　人事の経験や知見、直観といったアナログな素養と、デジタルとをいかにうまく組み合わせて、高度な人事を実現するかが、今後ますます重要になってくる。

　他方で、HRテクノロジーは、人事業務という、"ヒト"と深く接する世界で用いられることを忘れて活用を進めると、思わぬところで足をすくわれてしまう可能性がある。
　そうならないように留意すべき点は、そもそも対象者が"ヒト"という、心を持つ存在であることを踏まえて、温かみをもって活用すべきということであったり、対"ヒト"の関係で適用される法律上の規制などがある。

　前者の、HRテクノロジーを活用するにあたって人事部門が持つべき"温かみ"については、本書におけるそれぞれの具体的活用例の箇所でも触れら

れているであろう。

　本コラムでは、後者の点、すなわち、HRテクノロジーの活用を進めていくにあたって、法律、特に労働法と個人情報保護法との関係で留意すべき点を簡単にご紹介したい。

## 1　労働法の観点

　労働法の観点、具体的には、「使用者」と「労働者」との関係性で、使用者側が留意しておくべき点は、2つある。1つ目は、AIやデータに基づいて判断・決定された人事権の行使について、その判断過程を適切に説明することが可能になっているかという観点である。2つ目は、様々なデータを収集することによって、使用者の安全配慮義務にどのような影響が及ぶか、という観点である。

### (1)　AIやデータに基づく人事権の行使について

　企業が行う人事権の行使としては、採用、異動、昇進・降格、報酬決定、退職勧奨者の選定等がある。いずれにおいても、AIやデータの活用により、より広範なデータを基にした高度な意思決定につながったり、主観的なバイアスを排除した意思決定につながったりなどするわけであるが、問題は、その意思決定過程がブラックボックス化していないか、という点である。

　一般的に、人事権の行使の適法性が労働者側から争われる場合（例えば、「自分を○○部に異動させたのは不当である」等）、多くは、「その意思決定が適切になされたものであるか」が問題とされる。これに対して使用者側は、その労働者の年次、経験、性格等の属性や、現在の社内の人員構成等、意思決定に際してどのような要素をどのように考慮したかを踏まえて、その意思決定が適切になされたものであることを主張・立証していくことになる。

この際、単に「当社が導入している AI が、それが適切だと判断したので……」というだけでは、適切な意思決定であったことの主張立証としては、不十分であると思われる。労働者や裁判所に対して、その AI がどのような要素をどのように考慮したのかを説明しないままに、「AI が判断したのだから正しい」と主張しても、およそ納得は得られないであろう。
　したがって、AI やデータを活用する側は、おおよそでもよいので、その AI の判断プロセス、すなわち「どのようなデータに基づいて、なぜそういった判断をしたのか」について、説明可能な程度に理解しておくことが必要である[1]。

　また、人事権の行使が適法であるためには、意思決定内容の適切さのみならず、対象者に対してどのように伝えるのかまで含めた、行使の"過程"の適切さも必要である。
　紛争に至った後に説明するためのみではなく、人事権を行使したその場面において、対象者が納得を得られるような説明をするためにも、AI の判断プロセスを理解しておくことは有用であろう（この点は、単に適法性にとどまらず、対象者のモチベーションやエンゲージメント等の観点からも重要である）。

　なお、AI の判断プロセスを認識しておくべき理由はもう一つある。それは、差別の再生産を生まないようにするためである。
　AI に学習させるデータ（教師データ）自体に不当な要素が含まれている場合、AI はそれも含めて学習してしまうため、不当な判断を繰り返すことになってしまう。

　近時の例でいうと、米 Amazon.com 社が採用活動時に使うために開発中であった AI ツールが、女性に対して低い評価をつけるようになってしまっていたことが話題になったが、これは、AI に学習させた過去の履歴書の大

半が男性のものだったためとのことである。

　こういった問題を回避するためにも、その判断プロセスを認識し、問題がないかについて自覚的である必要がある。

　いずれの点においても、AIによる判断について、無批判に過信しすぎず、あくまで判断材料の一つとして、最後は"人"が判断することが重要であろう。

## (2) データ収集が安全配慮義務に及ぼす影響について

　従業員データの収集は、企業の「安全配慮義務」にも影響を及ぼす。

　企業は、労働者の生命・身体等の安全を確保する安全配慮義務を負っており（労働契約法第5条）、その内容は、「その雇用する労働者に従事させる業務を定めてこれを管理するに際し、業務の遂行に伴う疲労や心理的負荷等が過度に蓄積して労働者の心身の健康を損なうことがないよう注意する義務」[2]を指し、具体的には、①予見可能性と、これに基づく②結果回避義務の2点からなる。

　例えば、過度な長時間労働の存在を企業が認識していれば、従業員の健康状態の悪化を予見でき（①）、これに基づき、残業禁止や休暇取得の指示等、健康を損なう結果を回避する措置をとるべきということになる（②）。

　この点、従業員データの収集が進み、特に健康面に関するデータをより多く、あるいはタイムリーに収集できるようになると、その分、企業は、従業員の体調不良やハラスメント等の予兆を検出しやすくなり、上記①の予見可能性が高まることになる。

　これに対して、企業が特段の対策をとらずにいると、後になって、「問題発生を予見できたはずなのに結果回避措置（②）をとらなかった。すなわち、安全配慮義務違反がある」と言われてしまう可能性があるのである。

　そこで、企業としては、ただ漫然とデータを収集するだけではなく、収集

したデータを適切に活用すべく、積極的に、安全配慮義務を履行するための措置をとっていくべきことになろう。結果として、これが、問題発生のより良い防止策にもつながり、企業の利益となるだろう。

## 2　個人情報保護法の観点

　HRテクノロジーを活用するにあたっては、多くの場合、従業員の個人情報が利用されることとなろう。こういったHRテクノロジーの導入を検討するにあたっては、①当該HRテクノロジーを導入するために、従業員の個人情報の取り扱いに関して、どのような利用目的を設定する必要があるのか、②利用目的を社内規程等で設定しなおす場合、その変更等をどのように行わなければならないのか、という点に留意しておく必要がある。

### (1) 利用目的について

　個人情報保護法は、「個人情報取扱事業者は、個人情報を取り扱うに当たっては、その利用の目的（以下「利用目的」という。）をできる限り特定しなければならない。」（第15条第1項。下線部筆者）と定めている。

　具体的にどの程度の定めをすれば、HRテクノロジー上での利用という目的との関係で「できるだけ特定」されているといえるかは、ケースバイケースの判断となるが、基本的には、従業員の立場から見て、自身の個人情報が具体的にどのように利用・取り扱われるのかが、明確に特定されている必要があるだろう。

　なお、利用目的は、本人（従業員）に通知又は公表しなければならないとされているため（同法第18条第1項）、後述するような、個人情報の利用目的を記載した"個人情報取扱規程"のような社内規程を作り、従業員向けに周知するといった方法をとることが必要になる。

## （2）利用目的に関する社内規程の変更等について

　既存の利用目的では、HRテクノロジー上での利用との関係でその特定が不十分である場合、その定めを変更等する必要がある。

　この点、従業員の個人情報の利用目的を変更することは、企業が一方的に行うことはできず、本人の同意をとることが原則である（個人情報保護法第16条第1項）。もっとも、企業規模が大きくなればなるほど、従業員の個別の同意をとることは非現実的となる。

　そこで、一括的・集団的に同意をとる方法を検討すべきこととなるが、一般的には、個人情報取扱規程上の利用目的の記載を変更する方法をとることになろう。ただし、そのような変更については、就業規則に関する法律上の一般的な手続き（労働基準法第89条、第90条等）を踏む必要があるほか、就業規則の不利益変更法理（労働契約法第10条）との関係についても留意する必要がある。

　以上、留意点を述べたが、本稿は、当然ながらHRテクノロジーの活用にブレーキをかけようとするものではなく、適切な形で活用が進むことを願うものである。活用がある程度進んでから、法律上の問題点が発見されてしまうと、目も当てられない。人事部門や事業部門においてHRテクノロジーの導入を行っていくにあたっては、適宜、法務（総務）部門とも連携していくことが有用と思われる。

　なお、紙面の都合上、本稿における記載はかなり概括的なものになっている。より詳細な分析内容を確認する場合には、『HRテクノロジーで人事が変わる　AI時代における人事のデータ分析・活用と法的リスク』（労務行政、共著）をご参照いただきたい。

【コラム⑥　注】

(1) なお、内閣府に設置された「人間中心のＡＩ社会原則検討会議」においては、2018年12月27日に「人間中心のAI社会原則（案）」が公表されている。その中では、「AIが社会に受け入れられ適正に利用されるため、社会（特に、国などの立法・行政機関）が留意すべき『AI社会原則』」のうち、「説明責任」として、「AIを利用しているという事実、AIに利用されるデータの取得方法や使用方法、AIの動作結果の適切性を担保する仕組みなど、状況に応じた適切な説明が得られなければならない。」とされている。
https://www8.cao.go.jp/cstp/tyousakai/humanai/ai_gensoku.pdf

(2) 最判平成12年3月24日

# おわりに

「なぜこの本を書いたのか？」
　と聞かれたら、私はこう答えます。

「不本意な形で、仕事によって命を落とす人を一人でも減らしたいから」

　いつの時代も、職場で不本意な形で命を絶つ事件はあります。私はこういうニュースを見る度に思います。

「なぜ、仕事のために人が命を落とさないといけないのだろうか」と。

　私は現在、複数のIT企業で役員をしています。私自身は、仕事が大好きな人間であり、地元に帰っても、プライベートでも、95％仕事の話しかしません。年末年始は書籍を書き、平日の夜があけば、ビジネスイベントに登壇します。服には興味が全くないので、年中、同じ服ばかり着ています。私にとっては仕事とはなくてはならない存在です。

　ですが、同時に「それを全ての人に押し付けることは絶対しない」とも決めています。ビジネスリーダーの多くはときとして「経済成長＝絶対善」かのように語ります。ただ、私は全くそうは思えないのです。やはり、それぞれの人には「自己実現」や「やりたいこと」が先にある。そして、その目的を果たす手段の1つとして「仕事がある」「会社がある」、こういうことだと感じます。

　だとしたら、仕事という手段によって、もし、不本意に命を落とす人がいたら、一人でも減らしたいと仕事が大好きだからこそ思うのです。

でも、これは容易なことではありません。

　資本主義のパワーは強く、私たちは、気をぬくとすぐに「事業成長のために従業員がいる」と捉えがちです。その結果、不正をしてでも「成長すること」「相手に打ち勝つこと」が推奨されがちです。私だってそうです。かつて、数字を達成するために「ギリギリのこと」をしたことがあります。ただ、あの時の自分を振り返ると、やはりそれは健全な状態ではなかったと感じます。こうやって仕事が人の心を蝕んでいくのだろう、と感じました。

　　私にとって「強い人事を作ること」は、綱引きのようなものです。
　　ほっておくと、人を手段として捉えてしまいがちな資本主義の世界。
　　その反対側から、正のパワーをもって、バランスをなんとか整えようとする人。
　　それが人事であり、私がこのフィールドでともに戦いたい仲間なのです。

　この国では長らく「仕事＝苦役」だと教えられてきました。私も小さいころ、親や先輩から「仕事とは辛くて当然だ」「いい会社とは、楽して儲けられる会社だよ」と教えられてきました。

　ですが、今になって思います。仕事とは、本来、もっと自由で本質的であるはずです。私はこの本や、実務活動によって、少しでも理想を実現していきたいと思っています。

　この本は正直にいって、理論的にはまだ未熟な部分もあります。ですが、それでも、誰かが１ミリずつでも世界を前進させていくことには絶対に価値があると信じています。この本を手にとってくださった方が、何か一つでも持ち帰るものがあったとしたら、これ以上ないほど嬉しく思います。

これからも私たちは、走り続けたいと思います。そう決意しています。

　最後にこの本を書くにあたって、多くの人にお世話になりました。
　まず著者メンバーである、寺口浩大氏、西村晃氏、白石紘一氏、西村英丈氏、平岩力氏、堀達也氏、西村隆宏氏とは、何度もディスカッションを重ねてまいりました。また、今回執筆には参加しなかったものの、この書籍を出すキッカケになった活動に参加してくれた、加賀れい氏、橋本 賢二氏、藤岡雅美氏、出光啓祐氏に深く感謝いたします。今回の書籍は、これまでのディスカッションの集約知です。

　次に今回、編集を担当したくださった戸塚健二氏にも感謝いたします。丁寧で誠実な対応には勇気をいただきました。温かい人柄と、的確なフィードバックは執筆の助けになりました。また編集長であり、経営者でもある古屋信吾氏には私のような若い書き手に専門書を執筆するチャンスを頂いたことに深く感謝いたします。

　最後にいつも、支えてくれている家族。いまの自分がいるのは、皆さんのサポートがあったからです。ありがとうございます。

執筆者代表・編纂担当<br>
北野唯我

<著者>

平岩 力（ひらいわ　りき）＊2章
1984年生まれ。成蹊大学卒業後、2007年にセプテーニグループ入社。人事・営業と経験し、2015年に広告代理事業の採用部門を立ち上げる。後に、開発に特化した子会社の取締役として人事領域を兼務。現在は広告代理事業の事業会社人事として、採用・育成等を担当。

西村 晃（にしむら　あきら）＊3章
1983年、神奈川県生まれ。早稲田大学卒業後、証券会社、フリーランスでのコンサルタント、Sansan株式会社での採用責任者等を経て、2019年1月より株式会社カケハシに人事としてジョイン。個人として企業の人事コンサルティングやコーチングにも従事している。

西村英丈（にしむら　ひでたけ）＊4章
One HR 共同代表 東京理科大学卒業後、約70ヶ国／地域で事業展開をするYKKへ入社。アジア地域統括人事マネージャー（シンガポール駐在）として新興国市場の人材マネジメントを推進。One HR（人事有志の団体）にてサスナブルに「個人」と「組織」が最高のパフォーマンスを産む"次世代人事部モデル"を、経産省メンバーとともに大企業からベンチャー企業の幅広い企業群の企業人事やSDGs推進者、人材サービス会社のメンバーと策定するなど活躍中。

西村隆宏（にしむら　たかひろ）＊5章
1991年生まれ。東京大学大学院卒業後、2015年にリクルートホールディングスのデータ解析コース1期生として入社。自然言語処理や位置情報に関するR&D業務に2年間従事したのち、人事へ異動。機械学習を用いた新卒採用の配属最適化や人事データ基盤、タレントマネジメントシステムの構築を担当。『データサイエンティスト養成読本登竜門編』（技術評論社）を共著で執筆。

寺口浩大（てらぐち　こうだい）＊6章
1988年生まれ。京都大学卒業後、2010年に三井住友銀行に入社。リーマン・ショック後の企業再生、業界調査、M&A関連業務に従事したのち、デロイトトーマツグループなどを経て現職。現在はワンキャリアの経営企画室でパブリック・リレーションズ等を担当。メディア連載やカンファレンス登壇、コミュニティを通して、採用やキャリアに関する意見を発信。

堀 達也（ほり　たつや）＊コラム①、②
1987年、東京都生まれ。東京大学経済学部卒業後、2011年に経済産業省に入省。中小企業金融（中小企業庁）、景気動向分析（内閣府）、原子力政策（資源エネルギー庁）に携わった後、2017年6月より産業人材政策室に着任。働き方改革など政府の人材政策を推進、特に生産性向上・競争力強化の観点から雇用・労働分野の政策立案を担当。RIETI（経済産業研究所）コンサルティングフェローを兼任。

白石紘一（しらいし　こういち）＊コラム③、④、⑤、⑥
弁護士（東京八丁堀法律事務所）、経済産業省 大臣官房臨時専門アドバイザー。2012年より弁護士。2016年に経済産業省に着任し、「働き方改革」等の政策立案に従事。2018年より法律事務所に復帰し、労働法務などを手掛けつつ、非常勤として政策立案への関与も継続。

〈編著〉
北野唯我(きたの　ゆいが)　＊はじめに、1章、おわりに、各章サマリー執筆、全体編纂
兵庫県出身。神戸大学経営学部卒。就職氷河期に博報堂へ入社し、経営企画局・経理財務局で勤務。その後、ボストンコンサルティンググループを経て、2016年ワンキャリアに参画、最高戦略責任者執行役員。2019年1月からは子会社の代表取締役、社外IT企業の戦略顧問を兼務。著書にデビュー作で11万部を突破した『このまま今の会社にいていいのか？と一度でも思ったら読む 転職の思考法』(ダイヤモンド社)、発売1ヶ月で6万部となった『天才を殺す凡人 職場の人間関係に悩む、すべての人へ』(日本経済新聞出版社)がある。

## トップ企業の人材育成力
──ヒトは「育てる」のか「育つ」のか

2019年4月7日　第一刷発行

| | |
|---|---|
| 編著 | 北野唯我(きたの ゆいが) |
| 著者 | 平岩　力(ひらいわ りき)　西村　晃(にしむら あきら)　西村英丈(にしむらひでたけ)　西村隆宏(にしむらたかひろ)　寺口浩大(てらぐちこうだい)<br>堀　達也(ほり たつや)　白石紘一(しらいしこういち) |
| 発行者 | 古屋信吾 |
| 発行所 | 株式会社さくら舎　http://www.sakurasha.com |
| | 〒102-0071　東京都千代田区富士見1-2-11 |
| | 電話(営業)03-5211-6533 |
| | 電話(編集)03-5211-6480 |
| | ＦＡＸ　03-5211-6481　振替　00190-8-402060 |
| 装丁 | 長久雅行 |
| 本文デザイン | 株式会社システムタンク(野中 賢) |
| 印刷・製本 | 中央精版印刷株式会社 |

©Yuiga Kitano,Riki Hiraiwa,Akira Nishimura,Hidetake Nishimura,Takahiro Nishimura,Kodai Teraguchi,Tatsuya Hori,Koichi Shiraishi 2019 Printed in Japan
ISBN978-4-86581-192-6

本書の全部または一部の複写・複製・転訳載および磁気または光記録媒体への入力等を禁じます。これらの許諾については小社までご照会ください。
落丁本・乱丁本は購入書店名を明記のうえ、小社にお送りください。送料は小社負担にてお取り替えいたします。なお、この本の内容についてのお問い合わせは編集部あてにお願いいたします。定価はカバーに表示してあります。